"당신이 성공하는 방법!"

책쓰기가 1인기업의 성공비결이다

장열정 지음

**100세 시대! 1인기업이 대세다!
책쓰기로 퍼스널브랜딩을 하라!**

"당신의 재능을 발견하고 깨달아
당신의 이름과 얼굴을 브랜딩하고
당신만의 1인기업을 설립하여
당신의 평생직장을 만들라!"

백배
미디어

| 목차 |

머리말 _ 책쓰기가 1인기업의 성공비결이다 / 10

01 열정그룹 장열정 회장의 이야기와 깨달음
1인기업에서 억만장자까지 가는 길

나는 1인기업으로 억만장자의 길을 간다 _ 15
나는 깨닫는 책쓰기와 1인기업으로 성공했다 _ 18
나는 1인창업으로 1인기업을 시작하여 그룹을 세웠다 _ 20
나는 깨닫는 책쓰기로 내 인생을 깨닫고 내 인생을 바꿨다 _ 22
나는 책마케팅으로 1인기업을 자동화시켜 크게 성공했다 _ 24
나는 억만장자가 되는 인생의 길을 깨달았다 _ 26

02 열정그룹 장열정 회장의 이야기와 깨달음
크게 성공하는 길과 일, 생각이 있다

크게 성공하는 길과 일, 생각이 있다 _ 28
억만장자가 되는 길을 가면 억만장자가 된다 _ 31
나는 억만장자가 되는 길을 아는 것에 투자했다 _ 33
억만장자가 하는 일을 하면 억만장자가 된다 _ 38
억만장자가 하는 생각을 하면 억만장자가 된다 _ 39
나는 억만장자처럼 내가 했던 일에 가치를 부가했다 _ 41

나는 세계적인 그룹이 되는 길을 알게 되었다 _ 41
세계적인 그룹을 상상하며 첫 직장에 들어가다 _ 42
제품을 만들기 위해 두 번째 직장에 들어가다 _ 43
큰 결심으로 직장을 그만두고 자영업을 시작하다 _ 44
내 꿈을 위해 다시 세 번째 직장 생활을 하게 되다 _ 48
나는 직장에서 나와 내가 하고 싶은 일을 하면서 행복해졌다 _ 49
꿈꾸던 1인창업연구소를 시작하다 _ 50
돈 한 푼 없이 억만장자가 되는 사업을 시작했다 _ 52
억만장자는 재능을 계발하고 더 큰 부를 누린다 _ 53

03 열정그룹 장열정 회장의 이야기와 깨달음
1인기업을 성공시키는 책쓰기의 비밀

1인기업을 성공시키는 책쓰기의 비밀 _ 55
첫째, 깨닫는 책쓰기는 나를 알게 하고 나를 성장시킨다 _ 56
나는 깨닫는 책쓰기로 내 과거를 바꿨다 _ 57
나는 깨닫는 책쓰기로 내 현재를 바꿨다 _ 60
나는 깨닫는 책쓰기로 내 재능을 깨닫게 되었다 _ 61
나는 깨닫는 책쓰기로 내 미래를 바꿨다 _ 62
둘째, 깨닫는 책쓰기는 나를 알리고 나를 성공시킨다 _ 63
책 한 권 내기 위해 움직이지 말고 성공을 위해 움직여라 _ 64
셋째, 깨닫는 책쓰기는 나를 행복하게 한다 _ 66
장열정의 깨닫는 책쓰기 마인드 _ 69
첫째, 내 안에 책이 있다 _ 69
둘째, 나만 쓸 수 있는 책을 써내라 _ 71
책에 삶과 깨달음을 담아도 고객이 오나요? _ 72
셋째, 말하고 쓰는 모든 것을 책으로 만들라 _ 72
생각하고 깨닫는 시간을 가질 때 어떤 생각을 해야 합니까? _ 74
크게 성공한 사람들은 너무나 절박했다 _ 74

04 열정그룹 장열정 회장의 이야기와 깨달음
크게 성공하는 1인기업의 성공비결

크게 성공하는 1인기업의 비결 _ 77
장열정의 1인기업의 성공비결 _ 79
1인기업의 제품을 천재적으로 만들라 _ 80
1인기업은 제품을 천재적으로 팔면 성공한다 _ 82
1인기업은 어떻게 홍보하면 되나요? _ 84
1인기업이 성공하려면 만들고 파는 것을 동시에 해야 한다 _ 85
1인기업을 시작하거나 확장하려면 책부터 써내라 _ 87
럭셔리 사업을 하면 억만장자가 된다 _ 90
럭셔리 사업을 하려면 럭셔리 위치에 있어야 한다 _ 92
1인기업의 진정한 성공은 무엇일까요? _ 93
인생은 믿음대로 된다. 삶의 중심을 바로 잡아라 _ 95

05 열정그룹 장열정 회장의 이야기와 깨달음
1인기업으로 크게 성공한 사업가들의 시스템

1인기업으로 크게 성공한 사업가들의 시스템 _ 98
출판사를 세우면 돈이 많이 들지 않나요? _ 99
나는 내가 책도 쓰고 편집도 하고 책 디자인도 한다 _ 100
1인기업으로 성공하려면 책의 초고를 단기간에 완성하라 _ 102
내 초고에는 내 스토리와 깨달음이 가득하다 _ 103
1인기업으로 성공하려면 퇴고도 당신이 해라 _ 105
1인기업으로 성공하려면 가치를 부가하라 _ 106
깨닫는 책쓰기 원리를 알게 되면 당신도 천재작가가 된다 _ 108
짜깁기 책을 쓰지 말고 깨닫는 책을 써내라 _ 110
짜깁기 책은 성공한 사람을 홍보하는 책이다 _ 111
평생 100권 이상 책을 써내라 _ 113

종이의 값이 아니라 종이에 담는 삶과 깨달음에 값을 매겨라 _ 115
자신이 깨달은 메시지를 전하기 위해 백배로 강해져라 _ 116

06 열정그룹 장열정 회장의 이야기와 깨달음
크게 성공하는 1인기업의 마케팅비결

크게 성공하는 1인기업의 마케팅비결 _ 117
자신을 기업으로 퍼스널 브랜딩하라 _ 119
책으로 독자와 일대일로 만나라 _ 120
책마케팅으로 천년마케팅하라 _ 122
책을 써내면 누리게 되는 축복들 _ 123
책은 꿈을 이루는 최고의 방법이다 _ 127
일상에서 얻는 깨달음이 가장 위대한 깨달음이다 _ 129
책을 써내면 남녀노소 누구나 당신을 전문가로 인정한다 _ 132
당신도 책을 써내면 독자에게 감사와 존경의 문자를 받는다 _ 134
세미나와 특강 내용을 책에 다 담아내라 _ 136
크게 성공하는 기업은 크게 성공하는 마케팅을 한다 _ 138
삶과 깨달음이 담긴 책에 천재적인 제품까지 홍보하라 _ 142
천재적인 사업가는 홍보의 달인이다 _ 144
전국과 세계를 날아다니는 분신을 만들라 _ 147
일시적인 마케팅을 중단하고 천년 마케팅을 하라 _ 148

07 열정그룹 장열정 회장의 이야기와 깨달음
크게 성공하는 1인기업 아이템은 당신 안에 있다

크게 성공하는 1인기업 아이템은 당신 안에 있다 _ 150
우리나라에는 1100개의 사업과 1200개의 직업이 있다 _ 152
세계적인 기업도 재능으로 제품을 만들었다 _ 155
나는 사람들의 재능을 깨닫게 하는 재능이 있다 _ 157

천재적인 재능을 깨닫게 하는 천재코치를 만나라 _ 159
성공의 끝은 작가, 강연가, 사업가다 _ 160
세계적인 기업을 세우겠다는 큰 꿈을 가지고 시작하라 _ 161
세계적인 리더는 재능을 말과 글로 표현하는 마케팅을 한다 _ 163
행복한 창업은 행복한 인생을 살게 한다 _ 164
창업은 언제부터 준비해야 하나요? _ 165
창업아이템을 찾기 전에 당신의 천재적인 재능부터 깨달아라 _ 166
재능을 계발하고 발전시키는 사업은 절대 망하지 않는다 _ 168
천재적인 재능을 눈에 보이는 천재적인 제품으로 만들라 _ 169
재능을 천재적인 제품으로 만드는 방법을 배워라 _ 172
끝에서부터 시작하라. 책부터 써내는 것이 성공의 비결이다 _ 174
사업을 시작하지 못하는 사람들의 공통점 _ 176
자신의 가치를 스스로 높여 사업을 시작하라 _ 177
인생은 생각대로 꿈대로 믿음대로 된다는 열정마인드를 가져라 _ 179
천재적인 지혜를 배워 천재적으로 장사하라 _ 182
사업가에게 필요한 재능은 천재적인 지혜다 _ 182
지혜는 활용하는 능력이다 _ 185
사업가는 지혜로운 사람이다 _ 185
다른 사람의 아이디어를 활용하는 것도 천재적인 재능이다 _ 187
제품은 당신의 재능을 표현하는 지혜의 결과다 _ 188
그동안 쌓아 온 지식을 활용하여 지혜롭게 장사하라 _ 190
지식만 쌓는 직장인을 졸업하고 지식을 활용하는 사업가가 되라 _ 192
창업하면 저절로 믿음이 커진다 _ 193
돕고 섬기는 천재적인 재능을 활용하여 창업하라 _ 195
사업가는 천재적으로 다스리는 사람이다 _ 196
당신이 전문가가 되어 회사를 다스려야 한다 _ 197
당신이 전문가가 되면 끌려 다니는 사업을 졸업하게 된다 _ 198
동업은 자신의 사업 자금을 모으기 위한 수단일 뿐이다 _ 199
가르치고 코칭하는 재능을 계발하여 사업하라 _ 200
몸이 아닌 머리로 일하는 시대가 열렸다 _ 200
잡다한 창업아이템은 세월을 낭비하게 한다 _ 202

자영업자는 자신이 만든 회사의 직원이다 _ 204
사업가는 회사를 자동으로 돌아가게 하고 깨달음을 얻는다 _ 205
사업가는 억만장자처럼 크게 생각하고 크게 저지른다 _ 206
대중의 길에는 끝이 있다 _ 208
대중적인 사람이 되지 말고 자신이 원하는 삶을 살라 _ 209
내가 원하는 행복은 내 안에 있다 _ 210
날마다 신과 동업하며 큰일을 하라 _ 213
천국같이 살다가 천국으로 가라 _ 217

08 장열정이 만난 사람들
열정그룹 장열정 회장의 이야기와 깨달음

장열정이 만난 사람들 _ 219
Q | 저는 회사를 그만두지 않고 사업을 하고 싶어요. _ 220
Q | 저는 회사를 그만두고 싶은데 고민됩니다.
　　막상 회사를 그만두면 무엇을 어떻게 해야 하나요? _ 221
Q | 1인기업을 시작하면 수입은 언제 날까요? _ 222
Q | 창업아이템은 어떤 것을 선택하면 좋을까요? _ 223
Q | 저는 제 마음을 치유하고 싶어요. 마음만 치유된다면
　　뭐든 해보고 싶습니다. _ 224
Q | 제 꿈은 작가입니다. 어떻게 작가가 되나요? _ 225
Q | 작가님의 책은 다른 책과 다른 느낌이 듭니다. _ 225
Q | 책쓰기를 시작하고 얼마 만에 출간할 수 있나요? _ 226
Q | 강연가가 되고 싶은데 강연을 해본 적이 없습니다.
　　그래도 강연가로 성공할 수 있나요? _ 227
Q | 저는 돈이 없습니다. 그래도 꿈을 이룰 수 있나요? _ 228
Q | 저는 나이가 많이 들어서 이 일을 할 수 없지 않나요? _ 230

"앞으로 1인기업이
창업과 사업의 흐름이 될 것이다"

- 장열정 -

[머리말]
"책쓰기가 1인기업의 성공비결이다"

당신은 당신의 인생을 찾았습니까?

나는 깨닫는 책쓰기와 1인기업으로 내 인생의 길을 찾았습니다. 내가 원하는 인생의 길에 들어서서 나는 성공했고, 억만장자가 되는 길을 걸으며 매일 행복하게 살고 있습니다.

나는 내가 원하는 것을 얻기 위해 내 위치부터 바꿨습니다.

나는 깨닫는 책쓰기와 1인기업으로 직장인에서 사업가, 강연가, 작가, 자산가의 위치가 되었습니다. 나는 내 위치를 바꾸고 내가 원하는 꿈을 이뤘습니다. 내가 원하는 집에 살고, 내가 원하는 벤츠를 타고 다니고 다른 사람의 성공과 행복을 돕고 있습니다.

"당신도 성공하는 길을 걸으면 성공하게 됩니다. 당신도 억만장자가 되는 길을 걸으면 억만장자가 됩니다. 당신도 행복하게 사는 길에 들어서면 행복한 인생을 살게 됩니다."

수많은 사람들이 인생의 길에 대한 믿음이 있습니다. 학창시절 공부를 열심히 해서 안정된 직장에 들어가려고 합니다. 스펙을 쌓는 공부를 하고 스펙 인생을 살아갑니다. 스펙 인생의 끝은 은퇴입니다. 은퇴 후에 창업하는 인생이 스펙 인생의 끝입니다.

수많은 사람들이 스펙의 길에는 안정된 삶이 있다고 합니다. 하지만 스펙의 길에는 진짜 안정은 없고 고생이 있었습니다. 수년 동안 고생해야 안정될 수 있었습니다. 겨우 내 생활을 할 수 있는 생활비가 들어오는 것이 안정이었습니다. 하지만 그 안정도 이제 보장받기 힘들어졌습니다. 나는 스펙 인생이 아닌 스토리 인생을 살아야 한다고 깨닫고 움직였습니다.

나는 스펙 인생을 졸업하고 1인기업으로 크게 성공했습니다. 깨닫는 책쓰기로 나를 알고 나를 알렸습니다. 나는 유명세에 흔들리지 않고 조용히 움직여 내 성공과 행복을 이뤘습니다.

나도 내가 원하는 위치에 있기 전까지 수많은 방황을 했습니다. 세 번의 직장 생활과 자영업, 그리고 수많은 창업을 시도했습니다. 큰 꿈을 가지고 시작했던 자영업은 처음부터 난관에 부딪혔습니다. 시작부터 수억의 돈을 투자해야 했기 때문입니다.

그렇게 나는 투자한 돈을 회수하기 위해 자영업을 운영했습니다. 내 돈과 시간을 다 투자했습니다. 내 집도 팔고 자영업에 전념했습니다. 수개월 동안은 잘 됐습니다. 대박집 사장님이었습니다.

그런데 대박집이 쪽박집으로 되는 건 한순간이었습니다. 그렇게 나는 자영업의 세계에서 빠져 나오게 되었습니다. 쪽박집이 되는 순간 하루라도 더 빨리 자영업의 세계에서 빠져나오고 싶었습니다. 그렇게 자영업을 졸업했고 힘든 시간을 보냈습니다.

그런 나를 다시 살린 건 가족이었습니다. 내 첫째 딸이 태어나면서 다시 일하게 되었습니다. 그렇게 세 번째 직장에 들어가게 되었습니다. 나는 세 번째 직장에서 정착하려고 했지만 그 곳에도 내가 원하는 성공과 내가 원하는 행복은 없었습니다.

그곳에서 나는 1인창업으로 1인기업을 세워 내가 원하는 진짜 인생을 살기 시작했습니다. 나는 어둠뿐이었던 자영업과 세 번째 직장 생활을 졸업하고 사업가의 세계에 들어왔습니다.

내가 사업가 세계에 들어와 보니 그동안 내가 걸었던 길이 성공하는 길도 아니며 억만장자가 되는 길도 아니며 행복한 길도 아니라는 사실을 깨닫게 되었습니다.

내가 깨닫는 책쓰기 세계에 들어와 보니 그동안 나는 내 가치를 모르고 살았다는 사실을 깨닫게 되었습니다. 내 가치를 모르니 자신을 사랑할 수 없고 내게 맞는 일을 할 수도 없었습니다.

내가 천재적인 강연 세계에 들어와 보니 그동안 나는 수다만 떨고 살았다는 사실을 깨달았습니다. 내 지혜와 내 깨달음에는 엄청난 가치가 있음을 깨닫고 강연을 하기 시작했습니다.

내가 자산가 세계에 들어와 보니 그동안 나는 노동으로만 돈을 벌려고 했다는 사실을 깨달았습니다.

내가 예술가 세계에 들어와 보니 그동안 나는 나를 표현하지 못하고 살았다는 사실을 깨달았습니다.

내가 천재의 세계에 들어와 보니 그동안 나는 남들처럼 살려고 애썼고 내 인생의 주인공은 내가 아니라 다른 사람들이었다는 사실을 깨닫게 되었습니다. 내 인생에 나는 없고 남들의 이야기와 시선만 가득 차 있었습니다.

나는 깨닫는 책쓰기와 1인기업을 통해 사업가, 강연가, 작가, 자산가, 예술가, 천재의 길을 갑니다. 억만장자들은 이 길을 가고 있습니다. 당신은 지금 어떤 길을 가고 있습니까?

성공하고 싶습니까? 부자가 되고 싶습니까? 행복해지고 싶습니까? 그렇다면 성공하는 길을 가야 합니다. 부자가 되는 길을 가야 합니다. 행복한 길을 가야 합니다.

어떤 길을 가느냐에 따라 인생이 완전히 달라집니다. 당신이 원하는 인생을 알고 그 길을 갈 때 성공하게 되고 부자가 되고 행복하게 됩니다.

  그 길의 시작은 깨닫는 책쓰기와 1인기업을 세우는 것입니다. 이 책을 읽으면 깨닫는 책쓰기로 당신의 인생을 깨닫게 되고 1인기업으로 성공하는 길, 부자가 되는 길, 행복하게 사는 길을 깨닫고 그 길을 걷게 될 것입니다.

2018년 7월 1일
열정그룹 장열정 회장

제1부 – 열정그룹 장열정 회장의 이야기와 깨달음
책쓰기가 1인기업의 성공 비결이다

왜 책쓰기가 1인기업의 성공비결일까요?

나는 깨닫는 책쓰기로 내 1인기업을 성공시켰습니다. 나는 1인창업으로 1인기업을 세워 내 꿈을 이루었고 내가 원했던 인생을 살고 있습니다.

나는 깨닫는 책쓰기와 1인기업으로 내가 꿈꾸던 사업가가 되었고 강연가와 작가, 자산가, 예술가, 천재가 되었습니다. 나는 내가 원하는 책을 마음껏 써내고 내가 원하는 강연을 마음껏 합니다. 내가 원하는 제품을 만들어 파는 1인기업으로 크게 성공했습니다.

영국 수필가 조지프 애디슨(Joseph Addison, 1672~1719)은 "책은 위대한 천재가 인류에게 남긴 유산이다."고 말했습니다. 나도 내 삶과 깨달음이 담긴 천재적인 책을 세상에 내놓았습니다.

나는 천재적인 책을 써내고 평생 한 번도 타보지 못할 것 같았던 메르세데스 벤츠를 타고 다닙니다. 벤츠를 타고 전국을 누비며 가족과 여행을 하고 산책을 합니다. 1인기업을 자동화해 놓고 행복을 누리고 있습니다.

내 책이 나를 대신해서 일합니다. 내 책은 전국과 세계를 다니며 내대신 독자와 일대일로 만나 상담도 하고 홍보도 합니다. 내 책을 읽은 고객은 나를 만나기 위해 스스로 찾아옵니다.

나는 1인창업으로 1인기업을 세워 책을 써내기 시작했습니다. 내가 책을 써내기 전에 '장열정의 1인창업연구소'를 설립했습니다. 내 책이 없을 때는 제품을 팔기 위해 온라인 마케팅으로 고객을 모아 특강을 하고 상담을 반복적으로 해야 했습니다.

직장을 과감하게 그만두고 1인기업을 세웠지만 매일 고된 마케팅을 해야 했고 직장보다 더 힘든 시간을 보냈습니다. 행복하기 위해 직장을 그만두고 창업했지만 행복하지 않았습니다.

그래서 나는 결심했습니다. 깨닫는 책쓰기로 내 상담과 내 특강을 자동화하기로 했습니다. 나는 내 인생과 내 사업을 위해 크게 생각하고 크게 저질렀습니다. 내가 책을 써내야겠다고 생각한 것이 내 인생에서 가장 큰 일이었습니다. 평생 후회하지 않습니다.

나는 짜깁기 책이 아닌 내 삶과 깨달음이 담긴 깨닫는 책쓰기로 책을 써내고 천재코치와 열정그룹, 1인창업연구소와 1인출판연구소의 회장으로 인정받고 존경받고 있습니다.

나는 책을 써내고 내가 원하는 일을 마음껏 하기 시작했습니다. 책으로 일을 자동화했더니 기적이 일어나기 시작했습니다. 내가 책을 써내기 전에는 상상하지도 못했던 일입니다.

내 책을 읽은 독자들이 나를 찾아옵니다.

"장열정 작가님, 작가님의 책을 읽고 설레서 잠도 못 잤습니다. 책을 일주일 만에 세 번이나 읽었습니다. 1인창업의 길을 알려주셔서 감사합니다. 작가님께 꼭 코칭을 받고 싶습니다."

내가 산책을 하는 도중에 문자 메시지가 왔습니다.

"장열정 회장님, 안녕하세요! 저는 대전에 사는 40세 두 아이의 아빠입니다. 제가 직장에 사표를 던지고 회장님의 책을 읽었습니다. 천재적인 1인기업의 길을 알게 되었습니다. 제가 그토록 꿈꾸던 것입니다. 제가 꿈꾸는 일을 회장님께서 하시니 너무나 놀라울 따름입니다. 회장님을 만나 코칭을 받고 저도 천재적인 1인기업을 세우고 싶습니다."

나는 큰 충격을 받았습니다. 책을 써내기 전에는 그렇게 돌아다니면서 "내가 1인창업의 천재적인 코치예요. 내가 천재적인 1인기업 비결을 정립했어요. 당신도 1인기업을 세우면 나처럼 크게 성공하게 됩니다."라고 백날 외쳐도 소용없었습니다.

그런데 깨닫는 천재적인 책을 한권 써냈더니 고객이 책을 한 번도 아닌 세 번이나 읽고 내게 먼저 연락을 하고 스스로 찾아오겠다고 했습니다.

나는 빈손으로 나 혼자서 시작했습니다. 사무실도 없이 시작해서 지금은 장열정의 1인창업센터를 설립했습니다. 직원도 고용하고 모든 일을 자동화시켰습니다. 그 비결은 깨닫는 책쓰기입니다.

1인기업은 혼자 사업을 하는 기업입니다. 처음에는 직원도 필요 없습니다. 혼자 해도 충분합니다. 혼자 책을 써내고 강연을 하고 저렴한 제품부터 럭셔리 제품까지 만들면 됩니다.

책을 써내면 혼자 일해도 일을 자동화시킬 수 있습니다. 내가 그렇게 1인기업을 성공시켰고 당신도 나처럼 하면 됩니다.

나는 깨닫는 책쓰기와 1인기업으로 성공했다

나는 깨닫는 책쓰기를 이렇게 말합니다. 작가와 독자의 삶이 변하는 책입니다.

첫째, 작가의 삶과 깨달음을 담아, 작가도 책을 쓰면서 자신의 인생과 행복에 대해 깨닫는 천재적인 책쓰기입니다.
둘째, 책을 읽는 독자도 작가의 삶과 깨달음을 통해 인생이 바뀌는 천재적인 책쓰기입니다.

나는 깨닫는 책쓰기를 통해 내 인생과 행복에 대해 깨달았습니다. 내 책을 읽는 독자들도 내 삶과 깨달음을 통해 내게 찾아와서 그들의 인생도 성공하고 행복하게 바뀌고 있습니다.

나는 1인기업으로 내 꿈을 이뤘습니다. 내가 하고 싶은 일만 하면서 사니 내가 저절로 행복해졌습니다. 내가 행복한 일로 사업을 했더니 돈은 저절로 나를 따라왔습니다.

나는 이 책을 통해 내가 걸어온 깨닫는 책쓰기와 1인기업 이야기, 깨달음을 전할 것입니다. 이것이 가장 탁월하고 천재적인 마케팅입니다. 당신도 나처럼 하면 당신의 1인기업이 크게 성공합니다.

첫째, 나는 1인창업으로 1인기업을 시작하여 그룹을 세웠다
둘째, 나는 깨닫는 책쓰기로 내 인생을 깨닫고 인생을 바꿨다
셋째, 나는 책마케팅으로 1인기업을 자동화시켜 크게 성공했다
넷째, 나는 억만장자가 되는 인생의 길을 깨달았다.

나는 1인창업으로 1인기업을 시작하여 그룹을 세웠다

나는 하고 싶은 사업을 다하기 위해서 열정그룹을 세웠습니다. 내 재능으로 할 수 있는 일을 다 하고 싶었습니다. 그 꿈은 현실이 되었고 나는 내가 원하는 일만 하며 살고 있습니다. 부요하고, 건강하며, 자유롭고, 평안한, 한마디로 행복한 삶을 살고 있습니다.

세계적인 그룹도 1인창업으로 1인기업을 세워 시작했습니다. 나도 1인창업연구소로 사업을 시작했습니다. 그렇게 사업을 운영하다 보니 하고 싶은 사업이 점점 늘었습니다. 그래서 나는 '장열정의 열정그룹'을 세웠습니다.

나는 세계적인 리더를 세우기 위해 열정그룹을 세웠습니다.

나는 사업가를 세우기 위해 1인창업연구소를 세웠습니다.

나는 작가를 세우기 위해 1인출판연구소를 세웠습니다.

나는 강연가를 세우기 위해 1인미디어연구소를 세웠습니다.

나는 자산가를 세우기 위해 자산가연구소를 세웠습니다.

나는 예술가와 천재를 세우기 위해 1인아트연구소를 세웠습니다.

나는 행복하게 살기 위해 장열정의 삶연구소를 세웠습니다.

사업의 시대가 바뀌었습니다. 세계적인 대기업도 천재적인 1

인기업을 찾고 있습니다. 천재적인 지혜와 기술이 있는 1인기업을 거액의 돈을 주고 인수하기도 하고 1인기업의 지혜를 천문학적인 돈을 주고 사들이기도 합니다. 혼자서 일해도 크게 성공하는 길이 열린 것입니다.

1인기업이 성공하려면 자신만의 천재적인 제품을 만들어야 합니다. 나도 나만 만들 수 있는 천재적인 제품을 만들어 박리다매로 파는 것이 아니라, 럭셔리 제품을 만들어 럭셔리하게 팝니다. 나는 이것을 럭셔리 사업이라고 말합니다.

명품도 박리다매가 아닙니다. 1인기업도 명품 회사처럼 운영해야 합니다. 명품 매장은 누구나 다 들어갈 수 있습니까? 아닙니다. 아무나 들어가지도 못하고 우르르 몰려 들어가지도 못합니다.

열광적인 고객이 제품을 구경하고 구매하게 됩니다. 1인기업도 그렇게 해야 합니다. 수많은 사람들에게는 책으로 홍보하되 자신의 열광적인 고객의 성공과 행복을 위한 세상에서 단 하나뿐인 제품을 만들어 특별하고 럭셔리하게 팔아야 합니다.

럭셔리 제품은 어떤 제품일까요? 열광적인 고객이 그토록 원했던 제품입니다. 전 세계에서 하나뿐인 제품입니다. 내가 1인창업으로 1인기업을 세워 성공하는 비결을 제품에 다 담아 놨습니다. 1인기업가들이 그토록 원하던 제품이 아닙니까? 럭셔리 제품에는 럭셔리한 가치가 있습니다.

나만의 천재적인 1인창업비결과 1인출판비결이 담겨 있습니다. 1인미디어비결과 1인아트비결, 자산가비결, 행복비결이 담겨 있습니다. 천재적인 원리를 알게 되면 크게 성공하게 됩니다.

1인기업은 럭셔리 가치로 운영해야 합니다. 1인기업 뿐만 아니라 수많은 기업이 성공하려면 럭셔리 사업을 해야 합니다. 세계적인 대기업도 럭셔리 제품을 팔기 때문에 시간이 가면 갈수록 분야를 더욱 확장하고 더 커질 수 있는 것입니다.

후발주자가 대기업을 따라갈 수 있을까요? 대기업이 진출한 분야에서는 경쟁 상대가 안 됩니다. 당신이 1인기업으로 성공하려면 당신만의 제품을 만들어 파는 럭셔리 사업을 해야 성공합니다.

나는 깨닫는 책쓰기로 내 인생을 깨닫고 내 인생을 바꿨다

나는 깨닫는 책쓰기로 내 인생에 대해 깨달았습니다. 깨닫는 책쓰기로 나를 알게 되었습니다. 내 행복에 대해 깨닫고 내가 행복할 수 있는 인생을 살면서 내 인생을 바꿨습니다.

깨닫는 책쓰기는 내 삶과 깨달음을 끄집어내는 책을 쓰면서 나 자신에 대해 깨닫고 내 인생의 길을 알게 되는 것을 말합니다.

깨닫는 책쓰기는 과거를 끄집어내 자신의 가치를 알게 합니다.
깨닫는 책쓰기는 현재 자신의 모습을 바꿔 미래를 보게 합니다.
깨닫는 책쓰기는 자신이 원하는 미래를 살게 합니다.

나는 내 과거, 현재, 미래의 모습을 깨닫고 나에 대해 알게 되었습니다. 나는 과거에 내가 생각한 내 모습보다 훨씬 더 가치 있는 사람이었습니다. 나는 내 가치를 모르고 나 스스로 자책하며 살아왔습니다. 내 탁월한 재능을 뒤로 하고 다른 사람의 생각에 맞는 사람이 되려고 애썼습니다. 나 자신을 잃어 가고 있었습니다.

나는 내 과거를 끄집어내면서 진짜 나를 알게 되었습니다. 진짜 나를 깨닫는 책쓰기는 나를 다시 태어나게 했습니다. 나는 깨닫는 책쓰기를 통해 새로운 삶을 살게 되었습니다.

나는 지금 내 모습이 내 인생을 어떻게 이끌어 가는지 알지 못했습니다. 시간이 흘러가는 대로 살면서 한두 번 찾아오는 절호의 기회를 잡는 것이 인생인 줄 알았습니다.

나는 깨닫는 책쓰기로 지금의 내 모습이 내 미래를 결정한다는 사실을 깨달았습니다. 모든 결과는 원인이 있었습니다. 내 미래를 바꾸기 위해서는 내 현재의 모습을 바꿔야 했습니다. 나는 깨닫는 책쓰기로 내 현재를 바꿨더니 내 미래에 기적이 일어났습니다.

나는 깨닫는 책쓰기로 현재의 모습을 바꿔 내 꿈을 이뤘습니다. 내가 바꾼 내 미래가 지금은 내 현재가 되었습니다.

당신도 당신의 미래를 바꾸고 싶습니까?

당신의 현재가 미래를 결정합니다. 당신의 지금이 당신의 내일을 결정합니다. 당신의 미래를 바꾸고 싶다면 지금 당신의 모습을 바꾸면 됩니다. 당신의 생각을 바꾸고 당신이 하는 일을 바꾸면 당신이 원하는 미래가 당신의 현재가 될 것입니다. 깨닫는 책쓰기가 당신이 원하는 인생을 살게 합니다.

나는 깨닫는 책쓰기로 내가 원하는 내 미래를 꿈꿉니다. 내 미래를 이루기 위해 내 지금의 생각과 일을 바꿉니다. 그러면 내 꿈은 이뤄집니다. 기적이 날마다 일어납니다.

인생은 선택입니다. 꿈을 이루고 원하는 인생을 살고 싶다면 꿈을 이루는 일을 하십시오. 그 일을 선택하십시오. 그 일을 하면 그 꿈이 이뤄집니다.

나는 책마케팅으로 1인기업을 자동화시켜 크게 성공했다

나는 책마케팅으로 1인기업을 자동화시켰습니다. 1인기업은 제품과 마케팅, 홍보와 상담, 판매를 자동화시켜야 크게 성공합니다. 그 천재적인 방법은 바로 책마케팅입니다.

책에 제품과 마케팅, 홍보와 상담, 판매의 내용을 다 담아 놓으면 책은 나를 대신해서 전국과 세계를 다니며 고객과 일대일로 만납니다. 책이 나와 고객을 일대일로 만나게 해줍니다.

그래서 나는 책마케팅을 내 스스로 통제하고 관리할 수 있는 시스템을 만들었습니다. 바로 장열정의 1인출판비결입니다.

나는 내가 내 삶과 깨달음을 담은 책을 씁니다.

나는 내가 내 책을 퇴고하고 편집합니다.

나는 내가 내 책의 디자인을 합니다.

나는 내가 내 출판사를 설립했습니다.

나는 사업가 마인드를 가지고 내 책을 마음껏 출간합니다.

나는 당신에게 말합니다. 당신이 1인기업으로 성공하고 싶다면 당신의 책을 써내고 당신의 출판사를 세워 당신의 책을 마음껏 출간해야 합니다. 나는 이것을 책마케팅이라고 합니다.

1인출판으로 책마케팅 하는 것이 1인기업으로 성공한 사람들이 알려주지 않는 가장 큰 비결입니다. 1인기업가는 자신의 책을 쓰고 책을 마음껏 출간하는 1인출판사를 세워야 합니다. 그래야 작가, 강연가, 사업가로 크게 성공합니다.

1인기업 뿐만 아니라 성공한 사람들은 자신의 출판사에서 자신의 책을 출간합니다. 수많은 작가들은 그 사실을 놓치고 있습니다. 1인기업은 사업입니다. 1인기업은 사업가 마인드를 가질 때 크게 성공합니다.

이제 작가도 사업가 마인드를 가지고 사업을 해야 합니다. 이제 강연가도 사업가 마인드를 가지고 사업을 해야 합니다. 이제 예술가도 사업가 마인드를 가지고 사업을 해야 합니다.

1인기업으로 성공하려면 1인출판으로 책마케팅을 하십시오.

나는 억만장자가 되는 인생의 길을 깨달았다

나는 억만장자가 되는 길을 깨달았습니다. 작가, 강연가, 사업가, 자산가, 천재의 길을 가는 사람들이 억만장자가 되었습니다. 그래서 나도 그 길을 가기로 결단했습니다.

나는 직장에서 부자가 되는 길을 너무나 알고 싶었습니다. 부자가 되는 방법만 알면 나도 부자가 될 수 있고 내가 다른 사람이 부자가 되도록 도울 수 있었기 때문입니다.

나는 억만장자가 되는 길을 깨닫고 과감하게 움직였습니다. 직장을 바로 그만두었습니다. 대부분의 사람들이 직장을 그만두는 것부터 두려워서 못합니다.

나도 물론 직장을 그만두는 것이 두려웠습니다. 10년 동안 안정적으로 생활할 수 있었고 향후 20년 정도까지 바라볼 수 있었습니다. 10년 동안 사업을 안정적으로 준비할 수도 있었습니다. 그런데 나는 과감하게 결단하고 직장을 그만뒀습니다.

직장에서 억만장자가 된 사람은 없었습니다. 어떤 억만장자도 월급을 받는 사람은 없었고 모두 월급을 주는 사람들이었습니다. 그들은 사표를 내고 과감하게 직장을 나와 사업을 시작한 사람들이었습니다. 내가 두려워서 직장을 그만두지 못하고 있더라도 직장은 나이가 되면 결국 그만둬야 했습니다.

내 직장 생활을 돌아보니 나는 그동안 사표를 세 번이나 냈다는 것을 알 수 있었습니다. 마지막 사표는 내 직장 생활의 사표였습니다. 더 이상 직장으로 돌아가지 않겠다는 과감한 결단이었습니다.

나는 하루 빨리 내가 원하는 일을 하고 싶었습니다. 그래서 나도 억만장자처럼 생각하고 움직였습니다. 그 결과 나는 내가 생각했던 것보다 단기간에 큰돈을 벌게 되었고 억만장자가 되는 길을 걷게 되었습니다. 억만장자가 되고 싶습니까?

그렇다면 억만장자가 되는 길을 걸으면 됩니다. 작가, 강연가, 사업가, 자산가, 예술가, 천재의 길을 가면 당신도 억만장자가 됩니다. 포기하지 않고 이 길을 가면 억만장자가 됩니다. 나는 이 길을 당신과 함께 걷고 싶습니다.

제 2 부 – 열정그룹 장열정 회장의 이야기와 깨달음
크게 성공하는 길과 일, 생각이 있다

1인기업으로 억만장자가 될까요?

세계적인 기업의 시작은 1인창업이었습니다. 세계적인 리더들은 자신의 재능을 깨닫고 사업을 시작했습니다. 그 시작은 1인창업이었으며 1인기업을 설립하여 지금의 세계적인 그룹이 되었습니다. 그들은 1인창업으로 억만장자가 된 것입니다.

나는 '1인창업으로 억만장자가 되라'라는 첫 책을 써냈습니다. 내 책을 읽고 수많은 창업자들이 변했습니다. 억만장자가 되려면 사업을 시작해야 한다고 깨닫기 시작했습니다.

내가 장열정의 1인창업연구소를 시작한 이유는 대한민국의 창업 문화를 바꾸기 위해서입니다. 대부분 창업한다고 하면 유행하는 창업아이템을 선택하고 프랜차이즈를 선택합니다.

수억을 투자해서 10년 동안 열심히 일해야 투자한 돈을 회수하는 자영업을 합니다. 그렇게 시작한 자영업은 대부분 3년 만에 무너집니다. 내 자영업도 그렇게 무너졌습니다.

내가 천재적인 1인창업으로 시작하라고 하는 이유는 간단합니다. 이제 창업한다고 하면 1억은 기본입니다. 물론 사업을 하려고 해도 큰돈이 필요합니다.

하지만 문제는 이것입니다. 대부분 창업자들이 자신의 재능을 깨닫지 못하고 창업아이템만 보고 시작해서 망하는 것입니다. 아무리 시장분석을 하고 입지가 좋은 곳에 매장을 열면 뭐합니까? 3년이면 빚을 지고 문을 닫는 시스템인데 말입니다.

1인창업으로 시작해서 당신의 재능부터 깨달아야 합니다. 당신이 어떤 사업을 해야 하는 지 깨닫고 크게 생각하고 크게 투자해야 합니다. 그렇지 않고 무턱대고 수억의 돈부터 투자하면 돌이킬 수 없는 빚의 수렁에 빠지게 됩니다.

창업을 준비하고 있습니까?

그렇다면 당신의 천재적인 재능을 깨닫는 1인창업을 시작하십시오. 세계적인 그룹의 리더들은 자신의 천재적인 재능을 깨닫는 것부터 했습니다. 그렇게 조용히 시작한 사업이 세계적인 그룹이 되었습니다. 그들은 처음부터 시끄럽게 시작하지 않았습니다. 아주 조용히 움직이며 자신의 재능을 천재적인 제품으로 표현하는 시간을 가졌습니다.

1인창업으로 억만장자가 되고 싶습니까?

지금부터 조용히 움직이며 당신의 천재적인 재능을 끄집어내 천재적인 제품을 만들어 내십시오.

사업은 제품을 만들어 파는 것입니다. 남의 제품을 파는 것은 오래가지 못합니다. 세계적인 그룹은 제품을 만들어 팔고 있습니다. 억만장자가 되려면 억만장자가 되는 길을 알고, 억만장자가 하는 일을 알고, 억만장자가 하는 생각을 하면 됩니다.

내게 이런 이야기를 한 사람이 있습니다.

"1인창업으로 억만장자가 된다고요? 회장님이 이야기한 1인창업으로는 억만장자가 안 될 것 같은데요. 저는 직장에서 길을 찾고 있습니다. 직장에서 부자가 되는 길을 가려고 합니다."

"네, 그 길을 가세요. 꼭 성공하세요. 축복합니다."

나는 1년이 지나고 그를 만났습니다. 그는 여전히 직장에 다니고 있으며 직장을 그만둘 생각은 없었습니다. 직장에서 많은 창업을 했지만 수입을 한 푼도 올리지 못했다고 말했습니다. 그는 지쳤고, 나는 1인창업으로 시작해 사업을 확장하여 크게 성공했습니다.

나도 1인창업의 길을 깨닫고 시작한 것입니다. 없는 이야기를 하는 것이 아니라 세계적으로 성공한 사람들의 길을 깨닫기 위해 많은 노력을 했고 마침내 그 길을 발견했습니다.

억만장자가 되려면 억만장자가 걷는 길을 배우십시오.
억만장자가 되려면 억만장자가 하는 일을 배우십시오.
억만장자가 되려면 억만장자가 하는 생각을 배우십시오.

억만장자가 되는 길을 가면 억만장자가 된다

당신은 억만장자가 되고 싶습니까?
억만장자가 되려면 돈을 많이 버는 길을 걸으면 됩니다. 억대수입을 올리는 일을 해야만 합니다. 억대수입을 올리는 길을 걸으면 억대수입을 올리게 됩니다.
나는 억만장자가 되기 위해 억대수입을 올리는 길에 들어섰습니다. 월급 천만 원을 받기 위해 온갖 노력을 다 했고 머리도 많이 굴렸습니다. 그런데 다 헛수고였습니다. 월급을 받는 길을 가면 억만장자가 되지 않습니다.
억만장자가 되려면 천재마인드를 가지고 작가, 강연가, 사업가, 자산가, 예술가의 길을 가야 합니다.

책을 써내고 억대수입을 올리는 작가의 길을 가야 합니다.

강연을 하고억대수입을 올리는 강연가의 길을 가야 합니다.

제품으로 억대수입을 올리는 사업가의 길을 가야 합니다.

작품으로 억대수입을 올리는 예술가의 길을 가야 합니다.

가만히 있어도 자동으로 억대수입을 올리는 자산가의 길을 가야 합니다. 그 길을 가는 천재적인 방법을 배워야 합니다.

수많은 사람들이 직장에 들어가기 위해 스펙을 쌓습니다. 스펙에는 시간도 투자하고 돈도 투자합니다. 그렇게 수년 동안 투자해서 결국 월급을 받습니다.

대학을 들어가기 위해서 사교육에 어마어마한 돈을 투자합니다. 그런데 대학을 나와서는 월급 받는 길을 갑니다.

대부분 월급을 받기 위한 투자에는 시간과 비용을 아끼지 않습니다. 사람들은 그것을 돈을 많이 벌기 위한 투자라고 착각하고 있습니다. 그건 월급을 조금 늘리기 위한 투자일 뿐입니다.

억만장자는 어떤 투자를 할까요?

자신에게 투자합니다.

자신이 억대수입을 올리기 위해 작가가 되는 길과 방법, 생각을 배우는 데 투자합니다.

자신이 억대수입을 올리기 위해 강연가가 되는 길과 방법, 생각을 배우는 데 투자합니다.

자신이 억대수입을 올리기 위해 사업가가 되는 길과 방법, 생각을 배우는 데 투자합니다.

자신이 억대수입을 올리기 위해 자산가가 되는 길과 방법, 생각을 배우는 데 투자합니다.

자신이 억대수입을 올리기 위해 예술가가 되는 길과 방법, 생각을 배우는 데 투자합니다.

당신은 그동안 어떤 투자를 했습니까?

억만장자가 되는 투자를 했습니까? 월급을 늘리기 위한 투자를 했습니까? 월급이 늘지 않으니 넉넉한 생활비를 위해 부동산에 투자했습니까?

투자를 했다면 모두 잘한 것입니다. 그러나 어떤 투자를 했는지에 따라 결과는 하늘과 땅 차이입니다.

나는 억만장자가 되는 길을 아는 것에 투자했다

나는 작가, 강연가, 사업가, 자산가, 예술가가 되는 길과 방법, 생각을 배우는 것에 투자를 했습니다. 그 결과 내가 원하는 꿈을 이뤘고 내 미래는 성공과 부요와 행복으로 가득 차 있습니다.

길을 알아야 합니다. 어떤 인생을 살 것인지 길을 알면 미래는 바뀝니다. 나는 수많은 창업자들을 만났습니다. 그들 대부분이 길을 몰라 방황하고 있습니다.

그래서 나는 작가, 강연가, 사업가, 자산가, 예술가의 길에 대해 알려주는 '장열정의 열정그룹세미나'를 열었습니다. 내 세미나를 들은 사람들은 큰 충격에 빠졌습니다. 그리고 그들은 이제 서 있는 위치를 바꾸고 있습니다.

행복해지고 싶다면 행복한 길을 알고 그 길을 가면 됩니다.

성공하고 싶다면 성공하는 길을 알고 그 길을 가면 됩니다.

억만장자가 되려면 억만장자의 길을 알고 그 길을 가면 됩니다.

나는 남은 내 인생동안 무조건 작가, 강연가, 사업가, 자산가, 천재의 길을 걷기로 결단했습니다.

나는 작가의 길을 갑니다. 작가의 길만큼 행복한 길은 없습니다. 왜일까요? 책에 내 이야기를 마음껏 할 수 있고 내 이야기를 기다리는 사람들이 있기 때문입니다. 인생을 살면서 내 이야기를 기다리는 사람들, 내 이야기를 잘 듣고 실천하는 사람이 있다는 것이 큰 행복입니다.

나는 작가를 하면서 행복해졌습니다. 내 마음의 병이 다 사라졌습니다. 내가 하고 싶은 말만 하고 살기 때문입니다. 아, 한없이 행복합니다.

나는 강연가의 길을 갑니다. 책은 글로 내 이야기를 마음껏 전하지만 강연은 얼굴을 직접 보고 내 목소리로 내 이야기를 전합니다. 강연을 시작하면 강연가가 일방적으로 전하는 형식으로 진행됩니다. 하고 싶은 이야기를 마음껏 하게 됩니다.

내 강연을 듣는 사람들은 그 자리에 앉아 깨달음을 얻고 인생이 변합니다. 이보다 행복한 일이 어디 있겠습니까? 강연에는 신적 권위가 있습니다.

나는 사업가의 길을 갑니다. 내 재능과 아이디어를 눈에 보이는 제품으로 만드는 일은 가장 짜릿한 일입니다. 나는 무언가를 창조해 내는 사업가의 길이 너무나 행복합니다.

제품을 만드는 일도 너무나 행복하지만 제품을 파는 일도 너무나 행복합니다. 내가 만든 제품을 내 고객은 돈으로 가치를 지불하고 구입합니다. 구입한다는 것은 내 재능과 아이디어를 산다는 것입니다. 나를 믿고 가치를 지불한다는 것입니다.

제품을 만들어 파는 사업은 나 자신을 더욱 확신하고 매일 성장하는 일을 하는 것입니다. 내 가치만큼 인정받는 일이 바로 사업입니다. 당신의 가치를 인정받고 싶다면 사업가의 길을 가십시오. 백배의 축복이 쏟아집니다.

나는 자산가의 길을 갑니다. 나는 사업을 하면서 안정을 찾았습니다. 그런데 안정은 직장도 아니고, 사업도 아니고, 바로 자산에 있었습니다.

자산은 안정된 삶을 넘어서 넘치는 삶을 살게 합니다. 하루가

다르게 제품과 땅과 빌딩, 아파트의 가격이 오릅니다. 매일 자산이 자동으로 증식되는 삶을 살게 되는 것입니다.

나는 자산가의 길이 백배의 복을 받을 수 있다는 사실을 깨닫고 땅과 빌딩, 아파트를 사는 길에 들어섰습니다. 당신도 자산가의 길을 가겠다고 결단하고 그 길에 들어서면 자산가가 됩니다.

대부분의 사람들이 생각하지 않고 결단하지 않기 때문에 그 일을 못하게 됩니다. 자산가의 가치를 깨달았다면 지금 바로 자산가의 길을 걸으십시오.

나는 천재의 길을 갑니다. 천재는 대부분 예술을 하는 사람들입니다. 그림 한 장을 그려 시대를 변화시킵니다. 그림 한 장을 그려 문화를 변화시키고 이끕니다. 사진 한 장을 찍어 억대수입을 올리고 사람들의 마음을 만집니다. 역사를 남깁니다.

천재는 자신을 표현합니다. 그림을 그릴 때에도 자신만의 스타일로 그림에 스토리를 담습니다. 천재들의 작품에는 대부분 스토리와 깨달음이 있습니다.

내 책도 천재적인 책입니다. 내 스토리와 깨달음을 담았기 때문입니다. 나는 그림도 그립니다. 전 세계에서 나만 그릴 수 있는 그림을 그립니다. 나는 사진도 찍습니다. 전 세계에서 나만 찍을 수 있는 사진을 찍습니다.

내 천재적인 작품은 럭셔리합니다. 전 세계에서 단 하나뿐인 작품이기 때문입니다. 나는 날마다 성공하는 일을 하기 때문에 내 그림 한 장에 억대수입을 올립니다. 사진 한 장에 억대수입을 올립니다.

우리나라에서도 그림 한 장에 40억 원이 넘는 돈에 거래되고 있습니다. 단 한 장입니다. 내 자손들은 내 책과 내 그림과 내 사진과 내 예술 작품들을 유산으로 받습니다. 유산으로 거래하면 대대손손 대부호로 살게 될 것입니다.

내가 처음부터 그렇게 생각한 것은 아닙니다. 천재의 길을 알고 나서 천재의 길을 가겠다고 결심했고, 천재의 생각을 할 수 있었습니다. 물론 그런 생각을 한다고 해도 처음부터 천재적인 작품이 나오지는 않습니다.

내 그림에 나를 표현하다 보면 나만의 스타일이 나옵니다. 그때까지 계속해서 천재적인 재능을 계발해야 합니다. 시작하면 계발됩니다. 시작하지 않기 때문에 못하는 겁니다.

나는 과감하게 시작했습니다. 과감하게 그림을 그렸습니다. 그림을 그리고 큰 충격을 받았습니다. 그림을 제대로 배워 본 적도 없는 내가 천재적으로 나를 표현하기 시작했기 때문입니다.

당신도 나와 함께 작가, 강연가, 사업가, 자산가, 천재의 길을 가면 내게 쏟아진 복이 당신에게도 쏟아집니다. 정말입니다. 복이 쏟아지는 일을 하기 때문입니다.

모든 일에는 원인과 결과가 있습니다. 복을 받는 원인을 만들면 결과로 큰 복을 받게 됩니다. 이 깨달음은 가장 기본적이고 가장 위대한 깨달음입니다.

당신도 시작하면 됩니다. 당신의 천재적인 재능으로 작가, 강연가, 사업가, 자산가, 예술가, 천재의 길을 가십시오.

억만장자가 하는 일을 하면 억만장자가 된다

억만장자의 길을 알았다면 억만장자가 하는 일을 하면 됩니다. 억만장자는 사고파는 사업을 잘하는 사람입니다.

럭셔리 제품을 만들어 럭셔리 제품을 팝니다. 그럼 억대수입을 올립니다. 박리다매로 파는 사업이 아닌 럭셔리 사업을 하면 억대수입을 올리게 되는 것입니다.

억만장자들은 땅과 빌딩, 아파트를 싼값에 사서 아주 비싼 가격에 파는 사람들입니다. 억만장자는 사고파는 달인입니다.

억만장자가 되려면 만들고 사고파는 일을 하면 됩니다.

스토리와 깨달음을 책으로 럭셔리하게 만들어 팔면 됩니다.

스토리와 깨달음을 강연으로 럭셔리하게 만들어 팔면 됩니다.

스토리와 깨달음을 작품으로 럭셔리하게 만들어 팔면 됩니다.

고객이 원하는 제품을 만들어 럭셔리하게 팔면 됩니다.

자산을 사서 가치를 부가해 럭셔리하게 팔면 됩니다.

억만장자가 되려면 사고파는 것에 대한 부정적인 생각을 버려야 합니다. 사고파는 것을 인생을 사는 기본적인 지혜로 여겨야만 합니다. 지혜가 없다면 제자리에서 머무를 뿐입니다.

억만장자가 하는 일은 럭셔리하게 만들어 사고파는 일입니다. 당신도 억만장자가 되려면 럭셔리하게 만들어 사고파는 일을 하십시오. 1인창업으로 억만장자가 됩니다.

억만장자가 하는 생각을 하면 억만장자가 된다

억만장자의 길을 알고 억만장자가 되는 일을 하면 됩니다. 그런데 더 중요한 것이 있습니다. 바로 생각입니다. 억만장자가 되는 방법은 알았지만 생각이 작아서 움직이지 못하는 사람들이 많습니다. 그 중 한 명이 나였습니다.

나는 억만장자의 길에 들어서기 전에 수많은 고민을 했습니다. 길도 알고 방법도 알았지만 생각이 따라가지 못해서 시작하지 못했습니다. 그들의 생각이 내 생각이 되기까지 시간이 걸렸습니다.

그러던 어느 날 갑자기 깨닫게 되었습니다. 나도 억만장자의 길에 들어서서 억만장자가 되는 일을 할 수 있다고 말입니다. 어떤 깨달음이었을까요?

바로 내 가치를 깨달았습니다. 억만장자는 자신의 가치를 깨닫고 움직인 사람들입니다. 그들은 자신의 가치를 누구보다 크게 깨달았습니다.

나도 그들처럼 내 가치를 깨달았습니다.

나도 책을 쓸 수 있는 사람이었습니다.

나도 강연을 할 수 있는 사람이었습니다.

나도 사업을 할 수 있는 사람이었습니다.

나도 예술을 할 수 있는 사람이었습니다.

나도 자산을 굴릴 수 있는 사람이었습니다.

내가 모르는 분야는 배우면 됩니다. 내가 아는 분야는 생각을 크게 하고 과감하게 저지르면 됩니다.

억만장자는 크게 생각하고 크게 저지릅니다. 자신의 가치를 크게 생각하고 그에 걸맞은 일을 합니다. 억만장자는 이렇게 생각합니다.

첫째, 억만장자는 자신이 했던 일에 가치를 부가한다.
둘째, 억만장자는 크게 생각하고 크게 저지른다.
셋째, 억만장자는 재능을 계발하며 더 큰 부를 누린다.

나도 내 가치를 크게 생각하고 과감하게 저질렀습니다. 억만장자가 되는 길에 과감하게 뛰어 들어 억만장자가 하는 일을 하고 있습니다.

나는 내가 살았던 인생에 대해 가치를 부가했습니다. 그리고 앞으로 할 일을 위해 내 재능을 계발하고 있습니다. 당신도 나처럼 그동안 해 왔던 일에 가치를 부가하십시오.

나는 억만장자처럼 내가 했던 일에 가치를 부가했다

첫째, 나는 세계적인 그룹이 되는 길을 알게 되었다.
둘째, 나는 직장에서 제품을 만드는 재능을 계발했다.
셋째, 나는 자영업을 하면서 제품을 파는 재능을 계발했다.
넷째, 나는 억만장자가 되는 사업가, 강연가, 작가, 자산가, 예술가, 천재의 길에 들어섰다.

나는 세계적인 그룹이 되는 길을 알게 되었다

나는 나도 모르게 세계적인 기업에 관심이 생겼습니다. 관심이 생기니 그들이 어떻게 시작했는지 너무나 알고 싶었습니다.

나는 대학에서 경영에 대해 알게 되었고 경영 중에 홍보, 이벤트, 패키지를 이용해서 고객을 공략, 분석하는 것, 시장 분석하는 것을 공부했습니다. 아무런 생각 없이 들어간 경영학과에서 세계적인 그룹의 경영과 광고, 캠페인을 알게 된 것입니다.

세계적인 그룹은 한 나라를 위해, 전 세계를 위해 수많은 일을 하고 있었습니다. 그들의 이야기는 내 가슴을 뛰게 했습니다. 나도 대학을 졸업하고 큰일을 멋지게 해내고 싶었습니다.

세계적인 그룹을 상상하며 첫 직장에 들어가다

대학에서 홍보마케팅을 한 결과로 첫 번째 직장에 들어가게 되었습니다. 나는 첫 직장에서 마케팅 업무를 했습니다.

나는 마케팅팀에서 네비게이션을 홍보를 하는 일을 했습니다. 마케팅팀에서는 커뮤니티를 운영했습니다. 자동차 네비게이션 커뮤니티를 만들어 회사의 네비게이션을 판매하는 형식이었습니다. 판매 장소를 만든 것입니다.

나는 여기서 유일한 전공자였습니다. 팀장은 기자였습니다. 커뮤니티를 운영하면서 기사를 써서 홍보하는 식이었습니다. 기자를 해야 회사 홍보도 잘할 수 있으니 많은 자동차 기사를 써야 했습니다. 모터쇼, 시승기 등 외부적으로 많은 활동을 하느라 바빴습니다. 자리를 비운 날이 대부분이었습니다.

나는 입사 후 한 달 만에 팀을 운영하게 되었습니다. 내 상사였던 주임도 퇴사했고 함께 일했던 다른 팀장도 퇴사했습니다.

나는 초고속으로 승진하게 되었습니다.

매월 월급이 올랐습니다. 내가 계속 거기에 있었더라면 팀장까지 승진은 쉬웠습니다. 하지만 나는 거기서 그만두었습니다.

마케팅팀에서 하는 잡다한 방법들이 내가 원하는 방법이 아니었습니다. 대학에서는 세계적인 기업, 대기업의 방식을 배웠는데 첫 번째 직장에 가니 잡다한 방법으로 마케팅을 하고 있었습니다. 저렴한 제품을 하나 팔려고 수십 시간을 일해야 했습니다. 내가 원하는 큰 일이 아니었습니다. 그래서 과감하게 그만두고 내가 원하는 일을 찾아 나섰습니다.

제품을 만들기 위해 두 번째 직장에 들어가다

내 두 번째 직장은 선교 단체 멀티미디어팀이었습니다. 내가 잘하는 디자인과 영상, 기획, 신문 등 콘텐츠를 만드는 재능을 살릴 수 있는 팀에 들어가게 되었습니다.

나는 내 재능을 살려 두 번째 직장에서의 일을 잘했습니다. 하지만 나는 거기서 매일 그만둘 생각을 했습니다.

내가 좋아하는 일을 하고 있음에도 그만두고 싶었습니다. 영상을 찍고 만들고, 사진을 찍고, 디자인을 하고, 신문을 만들고 하는 일들이 모두 내가 좋아하는 일이었는데도 말입니다.

나는 그 팀에서 많은 역할을 했지만 만족스럽지 않았습니다. 나는 더 큰일을 하고 싶었습니다.

나는 결혼 후에 큰 결심을 했습니다. 내가 프로그래머가 되어야겠다고 생각했습니다. 내가 단체의 모든 시스템을 바꾸고 싶었기 때문입니다. 나는 책임자에게 말했습니다.

"제가 단체의 시스템을 바꾸고 싶습니다. 그러니 제게 자기계발 할 시간을 주십시오."

나는 직장에서 자기계발하기 시작했습니다. 아내는 프로그래머였습니다. 아내의 도움을 받아 프로그래머가 되고 있었습니다. 하지만 이것도 내가 원하는 일이 아니었습니다. 단체의 프로그램도 내 뜻대로 다 바꿀 수 없었으며 그 일이 내가 진짜 원하는 일이 아니라는 것을 깨닫게 되었습니다.

나는 결국 내가 직장에 있을 수 없는 사람이라는 것을 깨달았습니다. 나는 내가 리더가 되어 일을 해야 한다고 깨닫고 바로 움직였습니다. 나는 리더의 위치에 있어야만 했습니다. 내 위치를 깨닫고 내게 맞는 위치로 갔습니다.

큰 결심으로 직장을 그만두고 자영업을 시작하다

나는 직장을 그만두기로 결정하고 바로 자영업을 시작했습니다. 과감하게 자영업을 시작했지만 앞이 막막했습니다. 나는 직장에서는 일을 잘했습니다. 상사들이 나 때문에 그만둘 정도로 일을 잘했습니다. 자영업도 탄탄대로 진행될 줄 알았습니다.

자영업은 직장과 달랐습니다. 무엇이 다를까요? 직장은 내가 일할 수 있는 환경과 시스템이 다 갖춰져 있었습니다. 나는 자리에 앉아 상사들이 이뤄 놓은 일들을 발전시키고 내 능력을 펼치기만 하면 됐습니다.

하지만 자영업은 달랐습니다. 자영업은 아무것도 없었습니다. 매장부터 제품, 직원과 판매까지 처음부터 내가 다 만들어야 했습니다. 나는 장사에 대해 잘 알지 못했습니다. 기술을 조금 배우면 된다고 생각했습니다. 하지만 현실은 그렇지 못했습니다.

대부분의 자영업은 매장을 구하고 제품을 도매로 받고 재고를 쌓아 둡니다. 나는 얼마에 받아서 얼마에 팔아야 하는지도 몰랐습니다. 도매상에게 물건을 얼마에 사야 하는지, 고객에게는 얼마에 팔아야 내가 돈을 많이 벌 수 있는지 알지 못했습니다.

내 자영업은 자동차 용품 분야라 제품을 판매하고 수많은 A/S 요청을 받았습니다. 물론 어떤 제품도 완벽한 제품은 없습니다. 발전하고 있는 사업일수록 많은 잡음이 일어납니다. 나는 발전하는 분야의 제품을 팔고 있었기 때문에 그 잡음이 다 내게 쏟아졌습니다.

자영업의 장점은 유동 인구가 많은 곳에 매장을 오픈해 놓으면 홍보하지 않아도 사람들이 들어와서 제품을 구매한다는 것입니다. 내 매장은 그렇지도 못했습니다.

내 매장의 주위에는 논과 밭이 있었습니다. 그래서 나는 블로그마케팅과 ,카페마케팅, SNS마케팅을 하기 시작했습니다. 자영업을 시작하면서 온라인마케팅과 바이럴마케팅에 눈을 떴습니다.

직장에서 했던 마케팅과는 달랐습니다. 직장에서는 잘하든 못하든 정해진 월급이 들어왔지만 자영업에서의 마케팅은 내 생활과 바로 연결되는 중요한 문제였습니다.

나는 매장에서 단순히 마케팅을 하고 판매만 하는 것이 아니라 제품을 자동차에 시공하는 일도 해야 했습니다. 하지만 나는 기술이 없었고 자영업을 시작하고 기술을 배웠습니다. 나는 직원 없이는 판매도 할 수 없는 무늬만 사장이었습니다.

나는 마케팅을 하는 사장이었고 직원은 시공을 하는 사람이었습니다. 직원이 없으면 나는 아무것도 팔 수 없었습니다. 마케팅이 잘 될 때는 손님도 많았습니다. 대박집 사장님으로 불렸습니다. 하지만 대박은 바람처럼 지나갔습니다.

성공이 유지되지 않는 온라인 마케팅으로 자영업 운영이 어려워져서 직원을 내보내야 했습니다. 직원을 내보내고 손님이 왔지만 아무것도 할 수 없어서 당황한 적이 한두 번이 아닙니다. 나는 깨달았습니다.

'자영업으로 성공하기는 쉽지 않겠구나.'

그래서 바로 자영업을 접었습니다. 나는 결단이 매우 빠릅니다. 시작할 때도 빠르게 시작합니다. 시작한 후 결과가 좋지 않거나 희망이 없으면 미련 없이 바로 접습니다. 붙잡고 있으면 시간도 아깝고 돈도 아깝기 때문입니다.

내가 자동차 용품점을 자영업으로 선택한 이유가 있었습니다. 첫 직장에서 팔았던 제품과 같은 분야였기 때문입니다. 그저 잘 팔면 된다고 생각했습니다.

하지만 파는 것으로는 한계가 있었습니다. 더 중요한 것은 내게 주어지는 순수입이었습니다. 아무리 매출이 높다고 해도 나는 직장의 월급보다 더 적은 돈을 벌었습니다.

사업은 제품을 만들 때 이윤을 남기면서 시작해야 하고, 자산도 살 때부터 돈을 벌고 시작해야 합니다. 나는 제품을 만들지 않는 자영업의 한계를 깨달았습니다. 내가 앞으로 어떤 일을 해도 제품을 만들어 파는 것이 성공한다고 믿었습니다.

나는 자영업 실패로 우울증까지 겪었습니다. 나 혼자 그랬으면 다행이었겠지만 아내까지 우울증을 겪었습니다. 나와 아내는 매일 싸웠고 서로를 사랑할 수 없는 지경에까지 이르렀습니다.

매일 밤잠을 못 잤습니다. 스트레스로 고통을 받았습니다.

나는 자영업도 망했고 내 꿈도 모르겠고 내 존재 의미 자체를 느끼지 못했습니다. 아내도 자영업의 실패와 임신 후 우울증으로 힘든 나날을 보냈습니다.

나와 아내는 딸이 태어나는 시점에 새로운 삶을 살게 되었습니다. 나도 자영업 실패 후 방황의 시기를 끝내고 다시 직장에 가기 위해 면접을 보러 다녔습니다. 내가 마음에 드는 회사를 선택하여 면접을 봤고 내 꿈을 위해 다시 직장으로 돌아갔습니다.

내 꿈을 위해 다시 세 번째 직장 생활을 하게 되다

나는 세 번의 직장을 다니면서 면접을 두세 번 본 적이 없습니다. 면접을 보면 다 한 번에 취업이 되었습니다. 왜 그럴까요? 내가 잘나서가 아니라 내게 잘 맞는 회사를 선택했기 때문입니다. 회사에서 원하는 사람이 어떤 사람인지 알았기 때문입니다.

나는 마지막 직장에서 처음에는 혼자 일했습니다. 나는 3개월 만에 나를 포함해서 5명의 직원을 고용했고 그들을 이끌고 회사를 발전시켰습니다. 나는 그들을 진정으로 돕기 위해서 그들의 창업을 돕기도 했습니다. 그 중 한 명은 지금 나를 어떻게든 따라 하려고 애쓰고 있습니다.

나는 세 번의 직장과 자영업을 통해서 마케팅, 상담, 판매에 대해 깨달았습니다. 나는 직장과 자영업에서 깨달은 온라인 마케팅도 적용하여 세 번째 직장을 단기간에 발전시켰습니다.

나는 결과를 많이 내서 월급도 금방 올랐습니다. 내게는 연봉 협상이 없었습니다. 내가 결과를 내는 대로 월급을 받았습니다. 기본 월급에 계속해서 보너스를 받았습니다.

나는 세 번의 직장과 한 번의 자영업의 경험으로 크게 성공하는 기업의 비밀을 알아냈습니다. 나는 1인창업을 하기로 결단하고 사장님과 이야기를 했습니다.

"사장님 월급 천만 원을 주십시오."

만약 사장님이 월급 천만 원을 준다고 해도 직장을 나왔을 것입니다. 왜냐고요? 직장에서의 일은 내가 원하는 일이 아니었습니다. 내가 그 일을 1년, 3년, 5년 동안 한다는 것은 내게는 엄청난 고통이었기 때문입니다.

나는 직장에서 나와 내가 하고 싶은 일을 하면서 행복해졌다

수많은 사람들이 자기 자신이 1인기업이라는 사실을 모른 채 살아갑니다. 그래서 남이 시키는 일만 하다가 직장에서 결국 쫓겨나게 됩니다. 50대가 되면 직장에서 나가라고 합니다.

나는 그런 직장에서 살아남기 위해 온갖 노력을 다 했습니다. 상사와 동료에게 잘 보이려고 애썼습니다. 내가 할 수 있는 온갖 아부를 하면서 최선을 다했습니다.

내가 직장에서 나오니 그동안 했던 내 노력은 아무 결과도 만들어내지 못했습니다. 그렇게 아부했던 상사에게는 더 큰 비난을 받으며 직장에서 나오게 되었습니다.

그러나 나는 직장에서 나와 진정한 행복을 찾게 되었습니다.

1인기업을 세워 직장에서 느꼈던 죄의식이 완전히 없어졌습니다.
1인기업을 세워 직장에서 느꼈던 갈급함이 채워졌습니다.
1인기업을 세워 직장에서 앓았던 병은 치유되었고 건강해졌습니다.
1인기업을 세워 직장에서 겪었던 가난은 사라졌고 부요해졌습니다.
1인기업을 세워 직장에서 당했던 수모는 깨끗이 씻겼고 자유로워졌습니다.
1인기업을 세워 직장에서 지녔던 걱정은 물러가고 평안해졌습니다.

나는 1인기업을 통해 내 진짜 인생을 살기 시작했습니다. 내 인생의 행복의 시작이었습니다.

꿈꾸던 1인창업연구소를 시작하다

나는 직장을 그만두고 1인창업연구소를 본격적으로 운영하기 시작했습니다. 온라인 마케팅으로 고객을 모으고 특강을 열고 상담을 하고 교육을 했습니다.

나는 일주일 만에 고액수입을 올렸습니다. 직장을 그만두고 3개월 동안 하루도 쉬지 않고 밤새 일했습니다. 나는 그 시간 동안 빠른 속도로 많은 결과를 만들어 냈습니다.

그런데 나는 많이 지쳤습니다. 얼굴은 붓고 살도 찌고 몸이 이상해졌습니다. 몸이 말을 듣지 않았습니다. 아무리 자도 피곤하기만 했습니다. 스트레스 인생이었습니다.

나는 그렇게 일하면서 한 가지 확신은 있었습니다.

'내가 돈 때문에 망하지 않겠구나.'

하지만 나는 항상 불안했습니다. 휴식도 못했고 자유롭지 못했습니다. 내 삶에는 평안이 없었습니다. 내가 하나 가질 수 있는 것이 있다면 직장에서보다 돈을 많이 버는 것뿐이었습니다.

나는 오로지 많은 돈을 벌자는 목표 하나만 가지고 직장에서보다 힘들게 일하고 있었습니다. 나는 문득 '사업을 이렇게 힘들게 평생 해야 하나?'라는 생각으로 마음이 괴롭기까지 했습니다.

나는 중간에 동업도 했고 수많은 창업을 시도했었습니다. 그러던 중에 책의 힘에 대해 깨닫게 시작했습니다. 1인기업가가 성공하려면 반드시 책을 써내야 한다는 것을 알게 되었습니다.

그런데 나는 책을 쓸 수 없었습니다. 나에게 성공 스토리가 없다고 생각했기 때문입니다. 나는 매번 상담 때마다 똑같은 이야기를 반복했습니다. 매번 특강마다 똑같은 이야기를 반복했습니다. 책이 없었을 때의 특강은 힘들었습니다.

나는 그렇게 사업을 운영하는 것이 행복하지 않았습니다. 분명 내가 원하는 사업이 아니었습니다. 그래서 과감하게 책을 쓰기로 결단했습니다.

돈 한 푼 없이 억만장자가 되는 사업을 시작했다

나는 사업을 시작할 때 한 푼도 없었습니다. 그럼 어떻게 사업을 시작할 수 있었을까요? 나는 꿈을 이루고 싶어 미치도록 절박했습니다. 그래서 돈을 빌려서 사업을 시작했습니다. 돈이 있어서 성공하는 것이 아닙니다. 어떻게든 꿈을 이루겠다는 절박함이 있어야 성공하는 것입니다.

처음에는 돈 한 푼도 없이 시작했지만 단기간에 1인창업을 성공시켰습니다. 나는 내가 원하는 책의 초고를 2주 만에 써내고 한 달 동안 퇴고를 하고 책을 출간했습니다.

나는 책이 출간되고 한 달 만에 대중 강연을 했습니다. 나는 강연 요청을 메일로 받고 기쁨의 눈물을 흘렸습니다. 그렇게 돌아다니면서 전문가라고 외쳐도 믿어 주지 않던 사람들이 책을 한권 써냈다고 나를 인정해 줬기 때문입니다. 나는 한 시간에 수백만 원의 돈을 받고 강연을 했습니다.

나는 책이 한 권 나오면 성공할 것이라고 믿었습니다. 내 믿음은 현실이 되었고 첫 책을 써내고 연락을 정말 많이 받았습니다. 내 첫 책으로 열광적인 고객이 생겼습니다.

열광적인 고객은 내게 코칭을 받고 책을 써냈고 강연을 하고 사업을 시작했습니다. 1인창업으로 1인기업을 세웠고 그룹으로 확장해 가고 있습니다.

돈 한 푼 없이 절박함으로 시작했지만 내 인생에는 기적이 일어났습니다. 내가 원하는 돈을 얻기 위해 과감하게 움직였고 내가 원하는 사업과 내가 원하는 책을 써내기 위해 크게 생각하고 크게 움직였습니다. 그 결과 나는 내가 원하는 인생을 살고 있습니다.

억만장자는 재능을 계발하고 더 큰 부를 누린다

내가 본 억만장자들은 계속해서 재능을 계발했습니다. 자신이 이미 깨달은 재능으로 사업을 하고, 계발하는 재능으로 또 다른 사업을 하고 있었습니다.

그들은 자신이 가지고 있는 것을 모두 사업으로 만들어 팔고 있었습니다. 그들이 그렇게 할 수 있는 이유는 무엇일까요? 자신의 재능으로 시작한 사업이 성공했기 때문입니다.

그들은 깨달은 재능으로 사업의 문을 열어 성공했고 계발하는 재능으로 사업을 확장해 가며 더 큰 부를 누리고 있습니다.

재능이라고 해서 타고난 재능, 천재적인 재능만 있는 것은 아닙니다. 재능은 계발하면 됩니다. 재능을 계발하여 억만장자가 된 사람들도 있습니다.

나는 다음 장에서 재능을 깨닫고 재능을 계발하는 깨달음에 대해 나눌 것입니다. 사업을 한다고 아이템이 집중하기 전에, 자신이 어떤 재능이 있는지 알아야 합니다. 재능을 깨달으면 자신이 잘하는 아이템을 선택해서 사업을 하게 됩니다.

자신이 가장 잘하는 일, 자신이 가장 사랑하는 일, 자신이 열정을 불태울 수 있는 일, 어떤 어려움이 와도 포기하지 않고 끝까지 해내는 일은 재능으로 해야 가능합니다.

억만장자가 되는 재능은 당신 안에 있습니다. 재능은 곧 사업이 됩니다. 그러므로 억만장자가 되는 1인기업은 당신 안에 있습니다.

제3부 - 열정그룹 장열정 회장의 이야기와 깨달음
1인기업을 성공시키는 책쓰기의 비밀

　나는 빈손으로 시작했지만 깨닫는 책쓰기로 성공했습니다. 내가 꿈꾸던 것들이 다 이루어졌습니다. 내가 원하는 집을 샀고 내가 원하는 벤츠를 타고 다닙니다. 그리고 크고 작은 것들이 다 이뤄져서 더 큰 꿈을 꾸고, 그 큰 꿈 또한 이뤄지고 있습니다.

　나는 깨닫는 책쓰기로 1인기업을 세워 사업가가 되었습니다.

　나는 깨닫는 책쓰기로 강연가가 되었습니다.

　나는 깨닫는 책쓰기로 작가가 되었습니다.

　나는 깨닫는 책쓰기로 내 사업을 홍보하고 있습니다.

　나는 깨닫는 책쓰기로 내 고객과 상담하고 있습니다.

나는 깨닫는 책쓰기로 인생의 성공에 대해 전하고 있습니다.

나는 깨닫는 책쓰기로 인생의 행복에 대해 전하고 있습니다.

나는 깨닫는 책쓰기로 내 고객의 성공과 행복을 돕고 있습니다.

나는 깨닫는 책쓰기로 내 1인기업을 성공시켰습니다.

나는 책을 써내 전국과 세계에 나를 1인기업으로 퍼스널브랜딩했습니다. 나는 책쓰기로 1인창업코치와 책쓰기코치, 강연코치가 되었습니다. 깨닫는 책쓰기는 내 인생을 완전히 바꿔 놓았습니다.

첫째, 깨닫는 책쓰기는 나를 알게 하고 성장시킨다.
둘째, 깨닫는 책쓰기는 나를 알리고 성공시킨다.
셋째, 깨닫는 책쓰기는 나를 행복하게 한다.

첫째, 깨닫는 책쓰기는 나를 알게 하고 나를 성장시킨다

나는 깨닫는 책쓰기로 나를 알게 되었습니다.

나는 책을 쓰면서 내 인생에 대해 깨달았습니다.

나는 책을 쓰면서 내 꿈에 대해 알게 되었습니다.

나는 책을 쓰면서 내 재능을 깨닫게 되었습니다.

나는 책을 쓰면서 사업의 재능을 깨달았습니다.

나는 책을 쓰면서 내 행복에 대해 알게 되었습니다.

나는 책을 쓰면서 천재적인 자기계발을 했습니다.

나는 깨닫는 책쓰기로 나를 성장시켰습니다. 수많은 자기계발의 끝은 깨닫는 책쓰기입니다. 짜깁기하는 책이 아닌 내 삶과 깨달음을 끄집어내는 책쓰기로 내 재능을 끄집어냈습니다. 깨달아 계발하는 책쓰기가 나를 백배로 크게 성장시켰습니다.

나는 깨닫는 책쓰기로 내 과거를 바꿨다

나는 깨닫는 책쓰기로 내 과거를 바꿨습니다. 나는 내 삶을 끄집어내면서 내 과거에 대해 깨닫게 되었습니다. 내가 과거에 깨닫지 못했던 것들을 책쓰기로 끄집어내고서야 깨닫게 되었습니다.

나는 책을 쓰면서 진짜 나에 대해 알게 되었습니다. 나는 지금의 내 모습만 생각했습니다. 지금의 내가 있기까지 내가 어떻게 살아왔는지 새까맣게 잊고 있었습니다.

나는 책을 쓰면서 지나온 내 삶을 돌아봤습니다. 내가 아주 어릴 때의 내 모습까지 끄집어내게 되었습니다.

내가 부모님에게 어떻게 교육을 받았고 부모님에게 어떤 영향을 받았는지 알게 되었습니다. 그래서 내 부모님의 사랑에 대해서도 깨닫게 되었습니다. 내가 형제와 어떻게 지냈고 어떤 영향을 받았는지 알게 되었습니다. 내가 친구와 어떻게 지냈고 어떤 영향을 받았는지 알게 되었습니다.

나는 무엇보다 내가 어떤 영향을 주었는지에 대해 크게 깨닫게 되었습니다.

내가 초등학교를 다니면서 어떤 성격이 되었고, 어떤 생각을 했는지 알게 되었습니다. 내가 중학교와 고등학교 시절에 사춘기를 겪으면서 어떤 성격이 되었고, 미래를 어떻게 생각하고 있었는지 깨닫게 되었습니다.

나는 그때까지만 해도 내 진짜 모습을 알지 못했습니다. 그저 선생님들이 말하는 것을 믿고 살았고 사람들이 말하는 것을 믿고 살았습니다. 진짜 내 모습을 알려고 하지 않았습니다.

그저 사람들이 말하는 대로 살려고 애썼습니다. 그것이 성공하는 인생이라 생각했습니다. 수많은 사람들이 부러워하는 일을 하기만 원했습니다.

나는 그동안 막연한 삶을 살았습니다. 뚜렷한 목표도 없었고 명확한 방향도 없었습니다. '흘러가는 건 시간이요, 물이로다'라고 하면서 시간이 흘러가는 대로 변화가 없는 삶을 살았습니다.

나는 안정을 좇아 살았습니다. 어떻게든 안정된 삶을 살려고 했습니다. 사람들이 말하는 안정을 좇아 살았지만, 그곳에 진짜 안정은 없었습니다. 진짜 안정을 찾기 위해서는 수많은 시간이 필요했습니다.

그렇게 세 번의 직장 생활을 했고 자영업과 수많은 창업을 시도했습니다. 그 가운데 나는 진짜 내가 원하는 인생을 깨닫고 싶었습니다. 진짜 나를 알고 싶었습니다.

나는 깨닫는 책쓰기로 진짜 나를 알게 되었습니다. 내 재능을 깨닫게 되었고 내가 무엇을 하며 살아야 하는지 깨닫게 되었습니다. 책쓰기로 내 진짜 인생을 살게 된 것입니다.

죄의식과 경쟁, 불안, 상처로 얼룩졌던 내 과거는 깨닫는 책쓰기를 통해 깨끗해졌습니다. 과거에 내가 느꼈던 것들은 아주 작은 부분에 불과했습니다. 나는 내 과거를 통해 내 진짜 모습을 발견하기 시작했습니다. 내 가능성과 내 재능을 깨닫기 시작했습니다.

나는 내 과거를 바꿨습니다. 지금까지 내가 생각했던 내 모습이 완전히 달라졌습니다. 이것이 과거가 바뀐 것이 아니겠습니까? 드라마나 영화처럼 내가 진짜 과거로 돌아가서 내 삶을 바꾸는 것이 아닙니다. 과거의 일들로 내 가치를 탁월하게 깨닫게 합니다. 이것이 깨닫는 책쓰기의 힘입니다.

나는 깨닫는 책쓰기로 내 현재를 바꿨다

나는 깨닫는 책쓰기로 내 현재를 바꿨습니다. 나는 책쓰기로 내 일도, 내 외모도, 내 직업도, 내 가정도, 내 행복도 바꿨습니다.

나는 내가 하고 싶은 일만 하니 내 외모가 바뀌어 갔습니다. 뚱뚱했던 내 몸은 날씬해졌고 스트레스가 잔뜩 묻어 있던 내 얼굴이 평안해지고 환해졌습니다.

매일 억지로 참으면서 했던 출근과 직장에서의 일을 졸업하고 내가 하고 싶은 일로 사업을 합니다. 내가 하고 싶은 일은 모두 1인기업을 세워 사업을 하고 있습니다.

피곤함을 누르고 주말에만 잠깐 시간을 내서 가족과 함께하던 생활은 매일 가족과 여유롭게 누리는 생활로 바뀌었습니다. 사랑하는 가족과 산책도 하고 여행도 갑니다. 깨닫는 책쓰기로 내 인생에 기적이 일어난 것입니다.

나는 내가 계획했던 것들을 이룬 다음에 행복해진다고 생각했지만, 깨닫는 책쓰기를 통해 지금 행복해야 인생의 끝에서도 행복하다는 사실을 깨달았습니다. 그래서 나는 행복한 생각과 행복한 말과 행복한 행동만 하고 있습니다.

내 현재가 완전히 뒤집혔습니다. 당신도 깨닫는 책쓰기로 당신의 현재를 완전히 뒤집으십시오. 미래에 하려고 했던 것들이 현실이 되는 기적을 경험하게 될 것입니다.

나는 깨닫는 책쓰기로 내 재능을 깨닫게 되었다

나는 깨닫는 책쓰기로 내 재능을 깨닫게 되었습니다. 내 타고난 재능과 저절로 계발된 재능을 알게 되었습니다. 그리고 계발하고 싶은 재능도 깨닫게 되었습니다.

나는 내 책을 쓰면서 내가 가장 사랑하는 일을 알게 되었습니다. 내가 가장 잘하는 일도 알게 되었습니다. 내 재능은 내가 가장 사랑하고 내가 가장 잘하는 일이었습니다.

나는 재능을 '자신이 가장 사랑하고 잘하는 일'이라고 말합니다. 나는 1인기업가들에게 말합니다.

"재능으로 사업을 하면 그 일을 사랑하기 때문에 어떻게든 성공시킵니다. 그 일을 잘하기 때문에 저절로 성공합니다."

당신의 재능도 당신이 가장 사랑하고 가장 잘하는 일입니다.

나는 깨닫는 책쓰기로 내 재능을 깨달았습니다. 앞으로 내가 하고 싶은 일도 깨달아, 그 사업을 하기 위한 재능을 계발하고 있습니다. 재능은 현재와 미래를 바꾸는 힘이 있습니다.

당신도 깨닫는 책쓰기로 당신의 현재와 미래를 바꾸십시오.

그러면 인생이 완전히 뒤집어집니다.

나는 깨닫는 책쓰기로 내 미래를 바꿨다

나는 깨닫는 책쓰기로 내 미래를 바꿨습니다. 내가 책쓰기와 1인기업을 시작하기 전의 내 미래는 어둠뿐이었습니다. 직장에서 승진하는 길이 내가 할 수 있는 유일한 길이었습니다.

그 유일한 길 끝에는 50대의 은퇴가 기다리고 있었습니다. 그때부터 사업을 준비해야 했습니다. 나는 그 때를 위해 열심히 돈을 모아야 했습니다. 조금의 여유가 생기면 부동산에 투자해서 자산을 마련해야 했습니다. 이것이 내가 할 수 있는 미래를 위한 유일한 준비였습니다.

하지만 지금은 완전히 다릅니다. 나는 깨닫는 책쓰기로 내 미래를 바꿨습니다. 내가 원하는 미래를 위해 움직이면 내가 원했던 미래는 내 현실이 되기 때문입니다.

나는 1인기업으로 시작해 자산가의 길을 걸으며 평생 돈 걱정 없이 삽니다. 그리고 내가 하고 싶은 일을 마음껏 하고 내가 사고 싶은 것도 다 사고 있습니다. 그래도 되나요? 됩니다.

내 인생의 주인공은 '나'입니다. 죄를 짓는 것만 아니면 내가 하고 싶은 대로 하고 살아도 됩니다.

나는 내 고객의 성공과 행복을 책임지는 천재코치입니다. 고객의 인생을 책임지는 천재적인 일을 하며 그들과 함께 성공하고 마음껏 행복을 누립니다.

나는 작가, 강연가, 사업가, 자산가, 예술가, 천재의 길을 걸으며 작가, 강연가, 사업가, 자산가, 예술가, 천재를 세워 함께 이 길을 갈 것입니다. 그들과 함께 성공한 미래를 행복하게 살 것입니다.

둘째, 깨닫는 책쓰기는 나를 알리고 나를 성공시킨다

나는 깨닫는 책쓰기로 나 '장열정'을 전국과 세계에 열정그룹, 1인창업연구소, 1인출판연구소, 1인미디어연구소, 1인아트연구소, 자산가연구소, 삶연구소, 1인창업학교, 책쓰기학교, 강연학교의 천재코치와 회장으로 퍼스널 브랜딩했습니다.

깨닫는 책쓰기는 전국과 세계에 나를 알리는 가장 탁월한 방법입니다. 전국과 세계에 나를 알리면 어떻게 될까요?

작가로 성공하게 됩니다. 강연가로 성공하게 됩니다. 사업가로 성공하게 됩니다. 자산가로 성공하게 됩니다. 예술가로 성공하게 됩니다. 천재로 성공하게 됩니다.

성공하려면 사람들에게 알려야 합니다. 자신이 먼저 알리지 않으면 누군가 알려줘야 합니다. 나는 누군가 나를 알아봐 줄 때까지 기다리지 않았습니다.

사업가는 먼저 자신을 알립니다. 사업은 마케팅이 중요합니다. 크게 생각하고 과감하게 알려야 합니다. 1인기업가에게 탁월한 방법이 책마케팅입니다.

수많은 사람들이 책은 누가 쓴다고 생각합니까? 그 분야에서 깨달은 사람이 쓴다고 생각합니다. 성공한 사람들이 책을 쓴다고 생각합니다. 따라서 책을 써내면 성공하는 것입니다. 깨닫는 책쓰기 방법을 알게 되면 성공의 길에 들어서게 되는 것입니다.

당신을 1인기업으로 알리고 싶습니까? 그렇다면 잡다한 마케팅을 뒤로 하고 책부터 써내십시오. 책을 써낸 다음에 다른 마케팅을 하면 됩니다. 책마케팅이 마케팅의 끝입니다.

깨닫는 책쓰기는 당신을 알리고 당신을 성공하게 합니다. 나는 깨닫는 책쓰기로 나를 알렸고 1인기업으로 성공했습니다. 당신도 나처럼 하면 됩니다. 빈손으로 시작해서 크게 성공하는 탁월한 방법이 바로, 깨닫는 책쓰기입니다.

책 한 권 내기 위해 움직이지 말고 성공을 위해 움직여라

요즘 한 권의 책으로 퍼스널 브랜딩하는 사람들이 늘고 있습니다. 그들의 두 번째 책은 어떨까요? 세 번째 책은 어떨까요? 멀리 내다보고 시작해야 합니다.

나는 멀리 내다보고 시작했습니다. 처음부터 단 한권의 책으로 나를 알리려고 하지 않고 계속해서 나를 알리기 위한 시작을 했습니다. 그 시작은 내 출판사를 설립하는 것이었습니다.

당신도 1인기업가라면 나처럼 해야 합니다. 그래야 1인기업을 성공시키고 당신이 성공할 수 있습니다.

내게 책쓰기에 대해 물어보는 수많은 사람들이 있었습니다. 그들 중에는 단 한 권의 책을 내기 위해 움직이는 사람들이 많았습니다. 그리고 시간이 지나 그들의 첫 책이 나왔습니다. 그런데 그 이후로 그들의 모습이 보이지 않았습니다. 어떻게 된 것일까요?

그들은 단 한 권의 책을 내기 위해 움직였기 때문에 딱 그만큼만 한 것입니다. 성공하려면 생각을 크게 해야 합니다. 그리고 과감히 저질러야 합니다.

1인기업이 성공하려면 일을 자동화하고, 자신의 사업의 통제권을 자신이 가지고 있어야 합니다. 자신의 1인기업을 스스로 다스리고 관리해야 합니다.

당신의 책도 출판사에 통제권을 넘기지 말고, 당신이 통제권을 갖고 당신이 다스리고 관리하십시오. 1인기업의 내실을 갖추고 멀리 보고 크게 움직일 수 있어야 합니다.

당신도 단 한 권의 책을 내기 위해 움직이지 말고 당신의 1인 기업을 성공시키기 위해 멀리 보고 크게 생각하고 과감하게 움직이십시오.

셋째, 깨닫는 책쓰기는 나를 행복하게 한다

나는 깨닫는 책쓰기를 통해 내 행복에 대해 알게 되었습니다. 사람마다 행복은 다릅니다. 나는 내 행복을 알기 때문에 매일 행복합니다. 나는 내 특강에서도 행복하다고 말합니다. 남의 눈치 보지 않고 내가 원하는 행복을 위해 산다고 말합니다.

내 이야기를 들은 한 사람이 이렇게 말했습니다.

"회장님, 조금 겸손하셔야 하지 않나요?"

내가 대답했습니다.

"내 인생의 주인공은 바로 나 자신입니다. 내 행복이고 내 인생입니다. 나는 남의 눈치 보지 않습니다. 나는 그동안 남의 시선에 맞춰 살았습니다. 내 인생은 없었습니다. 그 속에서 나는 불행했습니다. 나는 행복하기 위해 남의 시선을 졸업했습니다. 수많은 사람들이 행복한 사람을 질투하고 시기합니다. 왜 그럴까요? 자신의 행복을 찾아가기 바쁜데 말이죠. 내 하루는 내가 원하는 행복으로 채워져 있습니다. 나는 당신도 행복하길 원합니다. 원하는 대로 마음껏 행복해도 됩니다. 축복합니다."

당신은 어떻습니까? 행복한 사람을 보고 그 행복을 부러워합니까? 시기하거나 질투합니까?

내가 그동안 행복하지 않았던 이유를 깨닫는 책쓰기를 통해 알게 되었습니다. 내 행복을 다른 사람의 기준에 맞췄기 때문입니다. 그만큼 불행한 것이 없습니다.

누군가 내게 말했습니다.

"인생의 끝에서 행복하기만 하면 그 인생은 성공한 거야."

나는 그에게 말했습니다.

"아니요. 인생의 끝이 아닌 오늘 행복해야 인생의 끝에서도 행복합니다. 지금부터 행복을 누리는 인생이 성공한 인생입니다."

내가 깨닫기 전에는 인생의 끝에서 행복하기 위해 죽도록 고생해야 하는 줄 알았습니다. 인생이 고되게만 느껴졌습니다.

그런데 그것은 내가 원하는 행복이 아니었습니다. 내가 원하는 행복은 오늘 행복한 것이었습니다. 매일 행복하면 인생이 행복한 것이었습니다. 당신도 그렇지 않습니까?

나는 오늘 행복하기 위해 오늘 행복한 일을 합니다. 그리고 행복한 내일을 준비하며 일을 합니다. 행복은 가까이 있다고 참 많이 듣지 않았습니까? 행복은 정말 가까이 있습니다. 어디 있을까요? 내가 하는 일과 가족과 내가 돕는 사람들에게 있습니다.

그래서 내가 첫 번째로 한 일은 내가 하는 일을 바꾸는 것이었습니다. 직장인에서 자영업자로 바꿨고, 다시 직장에 돌아갔지만 결국엔 내가 하고 싶은 일만 하는 작가, 강연가, 사업가의 삶을 살며 예술가와 자산가, 천재의 길을 가고 있습니다.

두 번째는 가족의 행복이었습니다. 시간에 쫓기듯이 가족과 시간을 보내는 것이 아니라 매일 산책하고 가고 싶은 여행을 자유롭게 가는 것이 가족과의 행복이었습니다.

아내의 말을 많이 들어주고 대화를 나누는 것, 자녀가 성장하는 과정에 함께하고 자녀가 가장 좋아하고 잘하는 일로 미래를 준비할 수 있도록 도와주는 것에 큰 행복을 느꼈습니다.

부모님과의 사이도 완전히 달라졌습니다. 부모님 마음을 몰랐던 철부지 자녀에서 부모님을 이해하고 존경하고 가장 사랑하는 자녀가 되었습니다. '부모님이 이 세상을 떠나기 전에 효도해야지'라는 마인드를 바꿨습니다. 지금부터 효도하는 것이 가장 탁월한 선택이었습니다. 부모님께서 원하시는 것은 무엇일까요?

내가 부모가 되고 나서 깨닫게 되었습니다. 자녀가 하고 싶은 일을 마음껏 하며 성공하고, 행복해하는 모습을 보면 그렇게 기쁘고 행복할 수가 없을 것 같았습니다. 그래서 내가 그렇게 했습니다.

부모님은 내가 하고 싶은 일을 마음껏 하며 매일 행복을 누리는 모습을 보면서 행복해 하십니다. 나는 끝에서 효도하지 않고 지금 효도했습니다.

장열정의 깨닫는 책쓰기 마인드

당신은 어떤 책을 쓰고 싶습니까?

나는 나만 쓸 수 있는 책을 씁니다. 다른 사람도 쓸 수 있는 책은 쓰지 않습니다. 나는 나만 가지고 있는 내 스토리와 내가 깨달은 깨달음을 책에 담습니다.

나 장열정의 깨닫는 책쓰기 마인드입니다.

첫째, 내 안에 책이 있다.
둘째, 나만 쓸 수 있는 책을 써내라.
셋째, 말하고 쓰는 모든 것을 책으로 만들라.

첫째, 내 안에 책이 있다

당신의 책은 어디 있을까요? 수만 권을 책을 쌓아 놓고 읽어야 책이 탄생할까요?

내 책은 내 안에 있습니다. 당신의 책도 당신 안에 있습니다.

내 이야기가 가장 중요합니다. 내 삶과 깨달음을 끄집어내야 합니다. 나는 내 삶과 깨달음으로 내 책을 써냈습니다. 내가 경험했던 것을 써내고 경험한 것에서 얻은 깨달음을 책에 써냅니다.

내 일상으로 책을 써내면 쉽고 재미있습니다. 일상에서 얻는 깨달음이 큰 깨달음입니다. 나는 작은 일상에서 깨달음을 얻는 사람에게 큰 가능성을 봅니다. 내가 그랬기 때문입니다.

누군가에게는 작게만 느껴질지 몰라도 나는 그 작은 깨달음을 모아 책을 써내고 1인기업을 성공시켰기 때문입니다. 이것이 내가 말하는 깨닫는 책쓰기의 핵심입니다.

깨닫는 책쓰기 비결을 배워야 합니다. 당신도 '장열정의 책쓰기학교'에 등록하면 나처럼 크게 성공합니다. 나와 함께 이 길을 가는 사업가들이 있습니다. 당신도 지금 010.6567.6334로 문자를 보내십시오. 당신의 책을 써내 크게 성공하십시오.

나는 책에 인생이 담겨 있다고 말합니다. 깨닫는 책쓰기는 인생입니다. 내 책에는 내 삶과 깨달음이 담겨 있기 때문입니다. 내 일상의 깨달음을 담아 놨으니 내 자손들과 내 고객들에게 내 천재적인 지혜가 전수됩니다. 깨달으면 큰일을 하게 됩니다.

당신은 당신의 삶에서 깨닫고 있습니까?

나는 내 삶에서 매순간 깨닫고 있습니다. 깨달으면 인생이 바뀝니다. 내 생활도 바뀌고 내 생각도 바뀝니다. 깨달으면 내가 원하는 인생을 살게 됩니다.

둘째, 나만 쓸 수 있는 책을 써내라

나는 나 장열정만 쓸 수 있는 책을 써냅니다. 지금까지 나온 내 책도 나만 쓸 수 있는 책입니다. 왜 그럴까요? 내 삶과 깨달음을 담았기 때문입니다. 내 삶은 어느 누구도 대신 살아 줄 수 없습니다. 내 삶은 나만 살 수 있습니다.

그러므로 내 책은 내 삶을 담기 때문에 나만 쓸 수 있습니다. 나는 나만 쓸 수 있는 책만 씁니다. 짜깁기 책은 누구나 쓸 수 있습니다. 짜깁기 책은 얼마나 잘 찾는지가 중요합니다.

깨닫는 책은 다릅니다. 얼마나 깨닫는지가 중요합니다. 깨달으면 자신의 인생과 가족의 행복이 달라집니다.

이것이 천재의 길입니다. 자신만의 정의와 자신의 삶과 깨달음을 담은 책을 써내고, 강연을 하고, 제품을 만들어서 파는 사업을 하는 것이 천재의 길입니다.

천재는 자신만의 스타일로 표현합니다. 자신만의 독창적이고 독특한 스타일이 있는 사람이 크게 성공하게 됩니다. 그런 사람에게 마니아 고객이 생기고 마니아 고객의 숫자를 늘리면 1인기업은 성공하게 됩니다.

책에 삶과 깨달음을 담아도 고객이 오나요?

내게 이렇게 물어보는 사람들이 있습니다.

"내가 하려는 사업과 관련이 없는 내용 같은데 써도 되나요?"

"네, 고객은 작가님의 삶을 보고 작가님에게 갑니다. 작가님의 삶과 깨달음을 과감하게 써내세요. 작가님의 삶과 깨달음을 담은 책이 바로 작가님의 얼굴입니다."

나도 똑같이 했던 고민입니다. 내가 내 삶과 깨달음을 책으로 써내는 중에 고민이 많았습니다. '사람들은 내 이야기는 궁금하지 않을 것 같은데'라고 생각했습니다. 그런데 아니었습니다.

내가 내 삶에서 깨닫는 사람이라는 것을 고객이 가장 크게 여겼습니다. 고객은 깨닫는 사람을 전문가로 인정하고 일대일 코칭을 받으려고 합니다.

당신도 단순히 방법을 알려주는 코치가 되지 말고 깨닫고, 또 깨닫게 해주는 천재적인 코치가 되십시오.

셋째, 말하고 쓰는 모든 것을 책으로 만들라

나는 책으로 쓰는 것만 책으로 써내지 않고 내가 말한 것도 다 책으로 써냅니다. 가족과 이야기한 것과 친구들과 이야기한 것에서 깨달음을 얻어 책으로 써내고 있습니다.

나는 내 삶에서 일어나는 모든 이야기를 놓치지 않고 스마트폰에 다 담아 놓습니다. 내 스마트폰에는 내 삶의 이야기와 깨달음이 가득합니다.

나는 책에 쓸 이야기가 없다고 하는 사람들을 이해할 수 없습니다. 오늘만 해도 얼마나 많은 이야기가 있었습니까? 매순간 깨어 생각하지 못하는 것입니다.

생각하면 됩니다. 내게 일어나는 일들을 생각하고 궁리하면 알게 되는 것이 있습니다. 이것이 바로 깨달음입니다.

이야기를 쌓아 놓는 연습을 해야 합니다. 이야기가 가득 쌓여 있다면 책을 금방 써내게 됩니다. 그래서 나는 항상 메모합니다. 나는 메모지를 가지고 다니거나 다이어리를 가지고 다니는 것을 좋아하지 않습니다. 그래서 매일 가지고 다니는 스마트폰을 활용하여 계속해서 이야기를 쌓아 놓습니다.

나는 자다가도 깨달음이 오면 스마트폰에 메모를 합니다. 길을 걷다가도 메모하고 화장실에서도 메모합니다. 일상에서 천재적인 원리들이 정립됩니다.

천재적인 작가와 강연가, 사업가는 일상에서 모든 것을 얻습니다. 물론 특별한 경험에서 얻을 수도 있습니다. 나는 오늘이 가장 특별한 날이라고 생각합니다. 내게 주어지는 하루가 내게는 가장 특별한 행복입니다.

생각하고 깨닫는 시간을 가질 때 어떤 생각을 해야 합니까?

나는 생각하고 깨닫는 시간에 이렇게 생각합니다.
'어떻게 하면 내가 원하는 것을 얻을 수 있지?'
자신이 원하는 것을 어떻게 하면 얻을 수 있는지 생각하면 됩니다. 물론 바로 떠오르지 않습니다. 떠오르는 것을 하나씩 적다 보면 어느 날 갑자기 천재적인 방법이 떠오르고 내가 할 수 있는 원리들이 정립됩니다.

깨닫기 위해 생각하면 어느 날 갑자기 깨닫습니다. 그리고 움직이면 됩니다. 깨닫지 못하고 움직이면 온갖 잡다한 방법이 동원됩니다. 다른 사람에게 물어보면 배는 산으로 갑니다.

크게 성공한 사람들은 너무나 절박했다

절박한 사람들이 크게 성공합니다. 절박한 사람들은 어떻게든 자신이 원하는 것을 얻기 위해 움직입니다. 없는 것은 어떻게든 만들어서까지 움직이는 사람들입니다. 성공한 사람들은 절박한 사람들이 많았습니다. 왜 그 사람들이 절박했을까요?

자신이 너무나 원하는 것이 있었기 때문입니다. 그것을 얻기 위해서 자신의 모든 것을 투자해서 그들은 얻어 냈습니다. 성공하려면 내가 말하는 절박함이 필요합니다.

당신은 절박합니까?

나는 매일 절박했습니다. 내가 원하는 꿈이 있었습니다. 나는 성공하고 싶었습니다. 작가가 되고 강연가가 되고 사업가가 되고 싶었습니다. 내가 원하는 인생을 살고 싶었습니다.

내가 성공의 길을 깨닫고 보니 그 길은 누구나 갈 수 있었습니다. 그런데 그 성공의 길에서 행복한 사람은 거의 없었습니다. 행복이 가장 큰 성공이었습니다.

그래서 나는 유명세를 타지 않고 내가 원하는 것을 얻기 위해 조용히 움직였습니다. 책을 쓸 때도 조용히 움직였고 강연을 할 때도 조용히 움직였습니다. 상담을 할 때도 코칭을 할 때도 조용히 움직였습니다.

조용히 움직였더니 크고 작은 거래들이 계속해서 일어났습니다. 기적이 일어난 것입니다. 물론 유명세를 타면서 움직여도 좋습니다. 하지만 나는 사람들에게 휘둘리는 것이 싫었습니다. 나는 내가 원하는 대로만 움직이고 싶었습니다.

사람들이 많아지면 사람들을 신경 쓰느라 내가 원하는 대로 움직이지 못하게 됩니다. 그래서 나는 사람들을 의식하지 않기 위해 아주 조용히 움직였습니다.

외부에서 보기에는 아주 조용해 보이지만 나는 실질적으로 엄청난 일을 준비하고 있었습니다. 지금도 마찬가지입니다. 외부적으로 보이는 것은 작게 하고 나 혼자 크게 생각하고 크게 움직이고 있습니다. 이것이 쌓이고 쌓여 어느 시점이 되면 수많은 사람이 알게 될 때가 옵니다.

나는 당신에게도 1인기업으로 성공하고 싶으면 조용히 움직이라고 말하고 싶습니다. 혼자 시작해서 책을 써내고 강연을 하고 사업을 시작하십시오.

당신이 그 일을 조용히 진행하다 보면 세계로 나갈 시기가 옵니다. 그 때를 위해 당신 자신을 더 알고 성장시키고, 큰 성공을 위해 생각을 키우며 조용히 앞으로 나아가십시오.

제4부 – 열정그룹 장열정 회장의 이야기와 깨달음
크게 성공하는 1인기업의 비결

어떻게 하면 1인기업이 성공할까요?

1인기업의 성공의 길을 알고 그 길을 걷게 되면 성공합니다. 1인기업이 성공하려면 길을 잘 선택해야 합니다. 다른 기업의 방식으로 했다가는 투자할 수 있는 자본력이 부족해서 포기하게 되고 직원도 없어 포기하게 됩니다.

1인기업을 한다고 무작정 다른 기업을 따라 하지 마십시오. 1인기업을 시작해서 크게 성공하는 길을 알고 그 길을 걷는 것이 탁월한 1인기업의 성공비결입니다.

나는 1인창업으로 1인기업을 시작했고 이제는 그룹을 세워 사업을 확장했습니다. 내가 1인기업 성공의 길을 깨달았기 때문입니다. 1인기업이 성공하려면 내가 걷는 길을 걸으면 됩니다.

첫째, 사업가의 길을 가라
둘째, 작가의 길을 가라
셋째, 강연가의 길을 가라
넷째, 자산가의 길을 가라
다섯째, 예술가의 길을 가라
여섯째, 천재의 길을 가라

1인기업은 자영업의 방식으로 운영하면 금방 문을 닫게 됩니다. 사업가 마인드를 가지고 자신만의 천재적인 제품을 만들어 럭셔리 사업을 해야 합니다.

1인기업은 책을 써내야 합니다. 1인기업을 알리는 탁월한 방법은 책마케팅입니다. 1인기업은 직원 없이 시작하기 때문에 마케팅을 자동화해 놓아야 합니다. 자동화의 탁월한 방법은 바로 책을 써내는 것입니다.

단 한 권의 책쓰기를 하기 위해 투자하지 말고 사업가 마인드를 가지고 자신의 출판사를 세우십시오. 1인출판으로 자신의 책을 마음껏 출간하여 계속해서 책마케팅을 해야 합니다.

1인기업은 강연을 해야 합니다. 초청받는 대중 강연과 자신의 강연을 직접 여는 세미나와 특강을 해야 합니다. 책을 읽은 고객이 세미나와 특강에 오게 될 것이며 강연을 들은 고객 중에서 럭셔리 제품을 사는 열광적인 고객이 생기게 될 것입니다.

　1인기업은 예술을 해야 합니다. 천재적인 책을 쓰고 럭셔리 사업을 하고 그림 한 장에 억대수입을 올리고 사진 한 장, 작품 하나에 억대수입을 올리는 천재의 길을 걸어야 합니다.

　1인기업은 자산가의 길을 가야 합니다. 사업가와 작가, 강연가와 예술가의 길을 통해 자산을 모으고 자산을 굴려 자산을 자동화해야 합니다. 자산을 자동화하여 자동으로 돈을 벌고 자동으로 돈이 들어오는 시스템으로 만들어야 합니다. 그래야 1인기업이 크게 성공하고 세계적인 그룹으로 나아갈 수 있게 됩니다.

장열정의 1인기업의 성공비결

　1인기업의 성공비결은 쉽고 간단합니다. 제품을 천재적으로 만들어 천재적으로 잘 팔면 성공하는 것입니다. 그렇다면 제품을 천재적으로 만드는 방법과 천재적으로 파는 방법을 알게 되면 성공하지 않겠습니까?

　나는 내가 하는 모든 것을 단순하게 만들었습니다. 왜 그럴까요? 1인기업이기 때문입니다. 다른 기업처럼 상사와 부하 직원이 있는 것이 아니기 때문에 사업을 아주 간단하게 만들었습니다.

나 장열정이 말하는 1인기업의 성공비결입니다.

첫째, 1인기업의 제품을 천재적으로 만들라.
둘째, 1인기업의 제품을 천재적으로 팔라.

1인기업의 제품을 천재적으로 만들라

1인기업의 천재적인 제품은 무엇일까요?

나는 내 1인기업의 제품을 천재적으로 만듭니다. 천재적인 제품이란 세계에서 나만 만들 수 있는 제품을 말합니다. 내 재능과 깨달음을 담는 것이 천재적인 제품입니다.

나는 내 재능과 깨달음을 제품에 담았습니다. 제품에 담는 방식은 몇 가지가 있습니다.

첫째, 내 재능과 깨달음을 책으로 만든다.
둘째, 내 재능과 깨달음을 강연으로 만든다.
셋째, 내 재능과 깨달음을 특강으로 만든다.
넷째, 내 재능과 깨달음을 오디오북으로 만든다.

다섯째, 내 재능과 깨달음을 동영상CD로 만든다.
여섯째, 내 재능과 깨달음을 TV방송으로 만든다.
일곱째, 내 재능과 깨달음을 라디오방송으로 만든다.
여덟째, 내 재능과 깨달음을 그림으로 표현한다.
아홉째, 내 재능과 깨달음을 사진으로 표현한다.
열째, 내 재능과 깨달음을 일대일 코칭으로 모두 전수한다.

1인기업이 만들 수 있는 제품은 많습니다. 수억의 돈을 투자하여 공장에서 제품을 수천 개 만들 수도 있습니다. 어떤 제품을 만들지는 리더의 선택입니다.

1인기업은 제품을 만드는 방식 중 자신의 재능과 깨달음을 천재적으로 표현할 수 있는 방식으로 제품을 만들어야 합니다.

나는 내 재능을 책, 그림, 사진, 강연, 방송으로 표현합니다. 프로그램 개발자라면 자신의 프로그램이 제품이 되는 것입니다. 자신의 재능을 제품으로 만들면 됩니다.

나는 제품을 만들 때 가장 적은 비용으로 최고의 럭셔리 제품을 만들려고 합니다. 사업의 기본입니다. 제품을 만들 때 수억의 돈을 투자해서 수억의 돈을 버는 사업가보다 수천의 돈을 투자해서 수억의 돈을 남기는 사업가가 탁월한 사업가입니다.

내가 1인기업을 선택한 이유도 제품 제작비용이 가장 적게 들어가고 럭셔리 제품을 만들어 팔 수 있기 때문입니다.

나는 제품을 만들 때 내가 가장 잘 만드는 방식을 선택합니다. 나는 내 사업으로 내가 가장 사랑하고 내가 가장 잘하는 것을 선택했기 때문에 제작 방식도 그렇게 정합니다.

그렇기 때문에 제품을 처음 만들 때부터 출시할 때까지 매일 행복합니다. 당신도 당신이 가장 좋아하는 방식으로 제품을 만드십시오. 당신의 일을 사랑하는 만큼 돈을 벌게 될 것입니다.

1인기업은 제품을 천재적으로 팔면 성공한다

1인창업으로 1인기업을 세운 창업자들이 제품을 팔지 못해 포기합니다. 사업은 팔지 못하면 유지하기에도 벅찹니다. 팔아야 사업이 성공합니다.

나는 장사마인드를 가져야 한다고 말합니다. 장사마인드가 있어야 나만의 천재적인 1인기업 제품을 팔 수 있습니다. 1인기업은 내가 만들고 내가 파는 기업입니다.

제품을 사고 팔 때 광고를 많이 한다고 하며 "완전 장사꾼이네"라고 말하는 사람들의 대부분은 누구일까요? 대부분 직장인입니다. 파는 것에 익숙하지 않고 사는 입장에만 있기 때문입니다.

장사에 대해 부정적인 마인드를 가진 사람은 사업할 수 없습니다. 그런 사람들 대부분이 가난합니다. 기업은 제품을 파는 곳입니다. 이제 당신도 제품을 사지만 말고 파는 위치에 있어야 합니다. 제품을 파는 위치가 되어야 부자가 되고 성공하게 됩니다.

정해진 월급만 받고 제품을 사는 위치에 있으면 돈이 나갈 때가 더 많습니다. 하지만 제품을 파는 위치에 있으면 제품을 사는 것보다 파는 것이 더 많기 때문에 성공하게 되는 것입니다.

장사마인드가 없는 사람들의 대부분은 가난하며, 장사마인드가 있는 사람들의 대부분은 잘 먹고 잘 삽니다. 그렇지 않습니까? 당신 주변을 한 번 돌아보십시오. 파는 사람은 잘 삽니다.

1인기업은 혼자 시작하기 때문에 제품을 만들 때 파는 것도 같이 해야 합니다. 과연 그것이 될까요? 나는 제품을 만들 때 파는 것도 함께 합니다.

나는 내 1인기업의 제품을 책으로 가장 먼저 만듭니다. 책을 쓰면서 내 1인기업의 제품을 탁월하게 홍보합니다. 물론 내 노하우와 지식과 지혜를 전하기도 하고 제품을 팔기도 하는 것입니다.

1인기업은 나처럼 해야 합니다. 내가 만사를 제쳐놓고 책을 쓰는 이유입니다. 1인기업가들의 대부분은 제품을 열심히 만듭니다. 그런데 제품을 만들다가 지쳐서 제품을 팔 때는 포기하게 됩니다. 그래서 제품을 만들 때 천재적으로 파는 것도 같이 해야 합니다.

당신이 1인기업이라면 책을 가장 먼저 써내십시오. 책에 당신의 재능을 표현하고 제품으로 만드십시오. 그리고 당신의 책에 당신을 홍보하십시오. 제품은 만듦과 동시에 파는 겁니다.

1인기업은 어떻게 홍보하면 되나요?

고객이 제품을 살 때 어떤 생각을 하게 될까요?

이것만 알게 되면 제품을 파는 것은 쉽습니다. 나는 내 제품을 천재적으로 홍보합니다. 내 제품을 사면 어떤 결과를 누릴 수 있는지 정확하게 설명합니다.

내 1인창업학교에 등록하면 당신이 가장 잘하고 사랑하는 일로 1인창업을 하게 되며 억대수입을 올리는 길을 걷게 됩니다.

내 책쓰기학교와 1인출판학교에 등록하면 평생 100권 이상의 책을 마음껏 써내게 됩니다. 제품을 만드는 것과 제품을 파는 것을 동시에 해서 일을 자동화하여 성공하게 됩니다.

내 강연학교와 1인미디어학교에 등록하면 언제 어디서든 마음껏 강연을 하게 되며 자신의 방송사를 설립하여 특강, 세미나, 1인방송을 혼자서 해내 열광적인 고객이 생기게 됩니다.

내 1인아트학교에 등록하면 당신이 창작한 디자인과 그림, 사진 한 장으로 억대수입을 올리는 길을 가게 됩니다.

내 자산가학교에 등록하면 자산을 모으고 자산을 굴려 자산이 자동으로 들어오게 되는 시스템을 가지게 됩니다. 평생 돈 걱정 없이 살게 됩니다. 원하는 인생을 살게 됩니다.

내 행복학교에 등록하면 인생에 끝에서 행복한 것이 아니라 매일 행복한 삶을 살게 됩니다.

책에 이렇게 홍보하면 책을 읽은 고객 중에 열광적인 고객이 생기게 됩니다. 책이 내 제품도 되고 내 제품을 팔기도 하는 것입니다. 이것이 내가 말하는 천재적인 책마케팅입니다.

당신도 나처럼 천재적인 책마케팅을 하십시오. 당신의 1인기업이 크게 성공하게 될 것입니다

1인기업이 성공하려면 만들고 파는 것을 동시에 해야 한다

나는 깨닫는 책쓰기로 나를 알렸습니다. 내가 1인창업연구소를 시작하고 나를 알리는 방법에 대해 수많은 고민이 있었습니다. 처음에는 온라인 마케팅으로 나를 알리려고 애썼습니다.

그렇게 했더니 나는 매일같이 노예 같은 마케팅을 해야 했고 내 제품을 만들어 사업을 성공시키는 것이 아니라 몇 가지 만들어 놓은 제품을 계속해서 파는 방법에만 집중했습니다. 그렇게

해서는 사업이 발전할 수 없었습니다.

사업은 제품을 만들어 파는 일입니다. 제품을 몇 가지 만들어 놓고 그것만 계속해서 팔겠다고 마음먹은 사업가는 아마추어입니다. 세계적인 기업은 만드는 것과 파는 것을 동시에 합니다.

수많은 창업자들이 제품을 만들기만 하면 된다고 생각합니다. 그래서 열심히 만듭니다. 열정을 바쳐 만듭니다. 그렇게 열심히 만들고 결국 포기하게 됩니다. 왜 그럴까요? 파는 능력을 계발하지 못했기 때문입니다.

제품을 만드는 것에 온 열정을 다 쏟아서, 파는 능력을 계발할 힘이 없기 때문에 포기하게 됩니다. 그래서 나는 제품을 만드는 것과 파는 것을 동시에 하라고 합니다. 물론 처음에는 제품을 만드는 것만으로도 힘들 수 있습니다. 그러나 처음부터 만드는 것과 파는 것을 동시에 익혀야 성공하게 됩니다.

제품을 만들고 파는 천재적인 비결을 배워야 합니다. 당신도 '장열정의 1인창업학교'에 등록하면 당신의 천재적인 사업을 시작할 수 있습니다. 지금 010.6567.6334로 문자를 보내십시오. 당신의 사업을 지금 시작하십시오.

세계는 시장 원리로 돌아갑니다. 시장 원리는 사고파는 것을 말합니다. 지구에 산다면 누구든 사고팔아야 합니다.

직장인도 자신의 노동의 값을 회사에 파는 사람입니다. 자영업자도 자신의 물건이나 남의 물건을 떼다 파는 사람입니다. 사업가도 제품을 만들어 파는 사람입니다. 자산가도 땅과 빌딩, 아파트를 사서 가치를 높여 파는 사람입니다. 당신은 지금 무엇을 팔고 있습니까? 노동입니까? 제품입니까? 자산입니까?

크게 성공하려면 럭셔리 제품을 만들어 럭셔리 가치를 파는 사람이 되어야 합니다. 크게 성공하려면 땅과 건물을 럭셔리하게 사고파는 사람이 되어야 합니다.

1인기업을 시작하거나 확장하려면 책부터 써내라

나는 내가 원하는 사업 분야에 진출하기 위해 책부터 써냅니다. 내가 원하는 분야에서 책을 써내면 그 분야의 고객이 나를 찾아오게 됩니다. 책부터 써내는 것이 가장 지혜로운 확장 방법입니다

배우면서 사업을 시작하려고 하는데 그래도 책부터 써내면 될까요? 네, 하면 됩니다.

수많은 사람들이 배운다고 하면 집어넣기만 합니다. 머릿속에 기억하려고 어떻게든 집어넣습니다.

나는 그렇게 하지 않습니다. 나는 집어넣는 대로 바로 끄집어냅니다. 누군가에게 코칭을 한다고 생각하고 강연을 하기 시작

합니다. 방법만 알면 쉽습니다.

모든 사람들은 배워서 가르치고 있습니다. 그럼 배우면서 가르친다는 말이 맞는 것입니다. 가르치려고 하지 않기 때문에 사업을 할 수 없는 것입니다. 배우고 싶은 것을 배우면서 누군가를 가르친다면 1인기업의 끝이 없지 않을까요? 그래서 1인기업은 평생 성장해 나가는 것입니다.

나는 내가 하고 싶은 것을 누군가에게 배우든지, 내가 스스로 독학을 해서 익히든지, 어떻게든지 투자해서 배웁니다. 배워서 그것으로 사업을 하려고 합니다. 나만의 천재적인 원리를 다시 정립하여 그것을 내 것으로 만듭니다.

영어를 봐도 그렇습니다. 영어는 미국에서는 일상 언어입니다. 미국에서 태어난 갓난아이도 몇 개월만 지나면 의사소통을 합니다. 하지만 우리는 그런 환경이 없기 때문에 돈을 내고 배웁니다.

영어교육의 답은 없습니다. 강사마다 습득방법이 다릅니다. 고객은 자신에게 맞는 영어습득방법을 선택하면 되는 것입니다. 당신도 당신만의 영어교육방법이 있습니까? 그렇다면 영어교육 사업을 하면 됩니다. 당신만이 할 수 있는 영어교육을 하면 성공합니다.

유럽에서는 선생님이 학생들을 먼저 교육하고 그 다음에는 학생들이 학생들을 가르친다고 합니다. 한명씩 나와서 다른 학생들을 가르치는 겁니다. 그럼 어떻겠습니까? 가만히 앉아 꾸벅꾸벅 졸면서 억지로 집어넣으려고 하는 것보다 백배, 천배의 교육 효과가 나지 않겠습니까?

앉아서 집어넣는 사람이 아닌 앞에 서서 가르치는 사람이 되어야 합니다. 자신이 있는 위치를 바꾸면 성공합니다.

나는 어릴 적부터 미술을 좋아했습니다. 어릴 적에는 그림을 잘 그리지 못해 몇 개월 학원을 다니고 그만뒀습니다. 그리고 그림을 그리지 않았는데 1인기업을 세워 책을 쓴 작가가 되니 그림이 너무나 그리고 싶어졌습니다.

그래서 나는 미술용품을 구매했습니다. 그리고 무작정 그리기 시작했습니다. 놀라운 일이 일어났습니다. 내가 생각했던 것보다 그림이 훨씬 잘 그려지는 것입니다.

나는 이렇게 나만 그릴 수 있는 그림을 깨닫습니다. 그리고 기본적인 몇 가지만 배우면 나는 천재화가가 되는 것입니다. 그림을 그린 지 얼마 되지 않았는데 왜 천재화가가 될까요? 나는 나만 그릴 수 있는 그림을 그리기 때문입니다. 나만의 천재적인 표현이 있기 때문입니다.

나는 그림을 그리면서도 이렇게 생각합니다.

'그림의 재능으로 사업을 해야지'

'아, 이 방법을 제품으로 만들어야지'

내 1인기업은 절대 망하지 않습니다. 배우는 즉시 바로 사업을 하려고 하기 때문입니다. 사업아이템이 없어서 걱정할 필요도 없습니다. 내가 하고 싶은 것을 배우고 그것으로 사업을 하기 때문입니다.

럭셔리 사업을 하면 억만장자가 된다

럭셔리 사업을 하면 억만장자의 길을 걷게 됩니다.

그럼 도대체 럭셔리 제품은 누가 사나요?

당신의 열광적인 고객이 당신의 럭셔리 제품을 사게 될 것입니다. 모든 고객이 럭셔리 제품을 사는 것이 아닙니다. 당신의 열광적인 고객이 당신의 럭셔리 제품을 사게 됩니다.

럭셔리 사업이 성공하려면 열광적인 고객의 수를 많이 늘리면 됩니다. 내 전체 고객의 수가 아니라 럭셔리 제품을 사는 열광적인 고객의 수를 늘려야 합니다.

그렇게 되면 한 달 동안 열심히 일해서 돈 버는 방식이 아닌 하나 팔아서 한 달, 일 년 동안 생활하는 럭셔리 사업 방식으로 돈을 벌게 될 것입니다. 그렇게 돈을 벌어도 될까요? 네, 됩니다.

럭셔리 사업을 하려면 돈 버는 생각과 방식부터 바꿔야 합니다. 한 달 열심히 일해서 한 달마다 돈을 받으려고 하지 마십시오. 매일 돈이 들어올 때도 있고 한동안 조용하다가 갑자기 큰돈이 들어올 때도 있습니다.

수많은 사람들에게는 믿음이 있습니다. 돈을 버는 방식에 대한 믿음입니다. 직장인은 한 달 동안 일해서 월말이나 월초에 돈을 받는다는 믿음이 있습니다. 이런 직장인이 사업을 하게 되면 어떻게 될까요? 수만 가지의 고민을 하게 됩니다.

하루마다 돈이 들어오면 감당하지 못합니다. 한동안 조용하다 갑자기 큰돈이 들어오면 놀랍니다. 돈이 들어올 때는 돈이 계속 들어와서 불안해합니다. 한동안 조용할 때는 극도로 불안해합니다. 다시 직장으로 돌아가고 싶은 마음이 굴뚝같아집니다.

그러다 큰돈이 한꺼번에 들어오면 난리가 납니다. 직장에 돌아갔으면 큰일 날 뻔 했다는 듯이 이야기합니다. 시간이 지나면서 한동안 또 조용해지면 그땐 또 후회하게 됩니다.

왜 이런 일이 일어날까요? 이것은 돈에 대한 믿음 때문입니다. 돈은 매일 들어오는 것입니다. 돈은 한꺼번에 큰돈이 들어오는 것입니다. 돈에 대한 믿음을 바꿔야 합니다.

사업하려면 생각을 바꿔야 합니다. 투자할 때가 있고 거둬들일 때가 있습니다. 투자할 때 거둬들이려고 하면 사업을 할 수 있겠습니까? 거둬들일 때 투자만 한다면 사업할 수 있겠습니까?

이런 사람은 사업을 할 수 없습니다. 스스로 지치게 됩니다.

그래서 나는 창업자들의 생각부터 바꿉니다. 돈에 대한 믿음부터 바꿉니다. 그리고 투자할 때와 거둬들일 때가 있다고 반복해서 이야기합니다. 생각을 바꾸면 인생이 바뀌기 때문입니다. 인생은 생각대로 됩니다.

럭셔리 사업을 하려면 럭셔리 위치에 있어야 한다

럭셔리 제품을 만들어 럭셔리 사업을 하려면 먼저 회장으로 인정받아야 합니다. 독보적인 전문가로 인정받아야 합니다. 그 탁월한 방법은 책을 써내는 것입니다. 한 권의 책이 아닌 계속해서 책을 써내는 것이 성공의 비결입니다. 책을 써내면 저절로 전문가로 인정받게 됩니다.

저렴한 제품을 파는 것과 럭셔리 제품을 파는 마케팅 방법이 다릅니다. 저렴한 제품은 온라인 마케팅으로 팔 수 있습니다. 럭셔리 제품은 책마케팅을 해야 팔립니다.

저렴한 제품을 사는 고객은 대부분 이렇게 생각합니다. '이 사람이 누구이며, 무엇을 팔고 무엇을 얻게 해주는지 한번 보기나 하자'라고 생각하는 사람들이 많기 때문에 그들에게 럭셔리 제품을 팔겠다고 움직이면 비난만 받게 됩니다.

나를 인정해 주지 않는 사람에게는 아무리 말해도 비난만 돌아오게 됩니다. 그 일은 그만두어야 합니다. 서로 불편하기 때문입니다.

내 책을 읽은 고객, 내 특강에 온 고객, 나와 상담을 한 고객, 나를 잘 알고 있는 고객이 럭셔리 제품을 삽니다.

세계적인 럭셔리 제품도 한 번 써 본 사람이 열광적인 팬이 되어 다음 제품을 계속 구매하는 것과 마찬가지입니다. 럭셔리 가치를 아는 사람이 사게 되는 것입니다. 가치를 모르는 사람에게 아무리 말해도 그 사람은 사지 않고 비난만 퍼붓고 갈 뿐입니다.

내가 원하는 고객이 어디 있는 지 정확하게 알고, 내가 원하는 고객과 만나고, 내가 원하는 고객에게 팔 수 있는 마케팅을 해야 합니다. 럭셔리 사업을 하려면 책마케팅부터 하십시오.

1인기업의 진정한 성공은 무엇일까요?

당신은 1인기업의 진정한 성공이 무엇이라 생각합니까?

나는 1인기업의 성공은 꿈, 행복, 건강, 부요, 자유, 평안이라고 말합니다. 꿈만 있는 것도 아니고 행복만 있는 것도 아닙니다. 내가 말하는 것이 다 있어야 합니다. 꿈도 행복해야 이룰 수 있고 행복도 건강해야 누릴 수 있습니다.

아무리 돈을 많이 벌어도 건강하지 못하면 쓰지도 못하고 자유롭지 못하면 내가 마음대로 돈을 쓸 수도 없습니다. 나는 자유롭고 평안하면 저절로 행복해지고 건강해집니다.

나는 한가지만을 위해 살지 않고 내 인생 전체를 위해 삽니다. 돈만 위해 살지 않고, 건강만 위해 살지 않고, 평안만 위해서도 살지 않습니다. 나는 내가 원하는 것이 나를 따라오게 합니다.

나는 '장열정의 1인기업'을 이렇게 말합니다.

"1인기업은 자신의 인생과 사업을 행복하게 경영하고 다스리는 한 사람이다."

나는 내 인생의 행복에 대해 깨달았습니다. 행복한 꿈을 이루는 사업을 하고 있습니다. 나는 내 인생과 사업을 행복하게 경영하고 다스리고 관리하고 있습니다.

1인기업은 나 자신입니다. 눈에 보이는 하나의 사무실이나 건물이 아닌 바로 나 자신이 1인기업입니다. 나는 나를 기업으로 생각하고 나를 경영하고 다스리고 있습니다. 나를 잘 보살피고 나를 잘 관리하고 있습니다.

나는 가정도 기업이라고 생각합니다. 내가 가정의 가장이기 때문에 내가 경영하고 다스리고 있습니다. 내가 '아내가 하겠지'

라고 생각하고 그저 바라만 보고 있다면 내가 해야 할 역할을 잘 하지 못했을 것입니다.

기업에서는 각자의 역할이 있습니다. '나'라는 1인기업에도 역할이 있습니다. 내 머리는 천재적인 지혜가 터져 나오고 내 가슴은 천재적인 믿음으로 가득 차 있어 내 인생을 이끌고 갑니다.

내 손은 내 천재적인 지혜를 제품으로 만들어 주고 내 입은 내 천재적인 지혜로 강연하게 합니다. 내 발은 사랑하는 가족과 산책하게 하고 내게 찾아오는 고객을 맞이하는 역할을 합니다.

나는 내 기업에서 열정그룹 회장의 역할을 합니다. 가정에서는 남편의 역할을 하고 아빠의 역할을 합니다. 나는 또 부모이면서도 자녀이기도 합니다. 나는 가정에서 남편의 역할, 아빠의 역할, 부모의 역할, 자녀의 역할을 천재적으로 하고 있습니다.

인생은 믿음대로 된다. 삶의 중심을 바로 잡아라

당신 삶의 우선순위는 무엇입니까?

나는 1인기업을 시작하고 내 삶의 우선순위부터 바로 잡았습니다. 아무리 천재적인 재능이 있다고 해도 내 우선순위와 올바른 믿음이 없다면 어떤 일도 할 수 없습니다. 아무리 천재적인 방법을 알고 있다고 해도 믿음이 없다면 그 방법대로 실천할 수 없습니다. 인생은 생각대로 믿음대로 되기 때문입니다.

    나는 하나님, 나, 가족, 이웃을 위해 삽니다.
    나는 하나님을 위해 전 세계에 온전한 복음을 전합니다.
    나는 내 꿈을 이루기 위해 작가, 강연가, 사업가, 자산가, 예술가, 천재의 길을 갑니다.
    나는 가족과 함께 산책하고 여행하면서 행복을 누리고 전합니다.
    나는 이웃을 위해 복음을 전하고 천재적인 코칭을 합니다.

    나는 내 꿈을 위해 책을 써내고 강연을 하고 사업을 했습니다. 나는 가족을 위해 1인기업을 선택했습니다. 가족과 매일 산책하고 가고 싶은 곳도 어디든 자유롭게 갑니다. 직장을 다닐 때는 직장 동료들과 가장 많은 시간을 보냈지만, 1인기업을 시작하고 나서는 가족과 가장 많은 시간을 보내고 있습니다.

    나는 이웃을 위해 책을 써내고 강연을 하고 사업을 하고 있습니다. 바로 당신을 위해 이 일을 하는 것입니다. 나는 내 고객을 끝까지 책임집니다. 고객이 떠나지 않는 이상 끝까지 함께 합니다. 고객이 성공하도록, 행복하도록 코칭합니다.

    내 삶에 우선순위는 견고합니다. 나는 이렇게 살 때 가장 행복한 사람이며 가장 성공한 사람이며 가장 부요한 사람입니다. 돈만 많다고 부요한 삶이 아닙니다.

삶에 중심이 있고 믿음으로 나아가는 삶이 부요한 삶이며, 행복한 삶이고, 성공한 삶입니다.

제5부 - 열정그룹 장열정 회장의 이야기와 깨달음
1인기업으로 크게 성공한 사업가들의 시스템

　1인기업이 크게 성공하려면 출판사를 세워야 합니다. 1인출판은 1인기업으로 성공한 사람들이 말해 주지 않는 비밀입니다. 나는 첫 책부터 1인출판으로 했습니다. 1인기업이 성공하려면 출판사를 세워야 한다는 비밀을 알아냈기 때문입니다.

　출판사를 세우면 자신의 책을 마음껏 출간할 수 있습니다. 출판사가 없다면 출판 기획서를 작성해야 하고 초고를 써서 다른 출판사를 찾아다녀야 합니다.

　출판사와 계약을 할 때도 출판사가 유리한 조건으로 하려고 합니다. 그런데 작가의 수입은 아주 작고 출판사의 수입은 큽니다. 그렇다면 자신의 책을 자신의 출판사에서 출간하면 어떻게 될까요?

당신이 출판사를 세우면 원고를 써 주고 돈을 받는 방식이 아닌 책의 수입까지 얻게 되는 사업이 되는 것입니다.

대부분의 작가가 가난한 이유는 원고를 헐값에 넘기기 때문입니다. 작가의 가치는 원고료밖에 되지 않기 때문입니다. 그렇게 하지 말고 자신의 가치를 자신 스스로 높이십시오. 자신의 출판사에서 자신의 책을 마음껏 출간하십시오.

출판사를 찾아다니면서 그들의 비위를 맞추려고 하지 마십시오. 사업가 마인드를 가지면 그들의 비위를 맞추기 위해 돈과 시간을 투자하는 것이 아니라, 자신의 사업을 성공시키기 위해 돈과 시간을 투자하고 백배, 천배로 거둬들이는 사업을 하게 될 것입니다.

출판사를 세우면 돈이 많이 들지 않나요?

당신도 출판사를 세우면 돈이 많이 든다고 생각합니까? 나는 가장 적은 비용으로 가장 큰 수입을 얻고 있습니다. 나도 출판사는 돈이 많이 드는 줄 알았습니다. 실제로 1인출판사를 운영하는 사람들 중에는 한권에 수천만 원을 투자해야 한다는 사람들이 많습니다. 나는 그들을 보면 참으로 안타깝습니다.

출판사들은 어떻게든 베스트셀러를 만들려고 합니다. 하지만 나는 그렇게 하지 않습니다. 베스트셀러보다 내 열광적인 고객을 모읍니다. 나는 사업가이기 때문입니다.

나는 내가 책을 쓰고 내가 퇴고까지 하고 편집합니다. 나는 내 책을 내가 디자인하기 때문에 인쇄비를 제외하고는 돈이 들지 않습니다. 출판사를 최소 비용으로 운영하는 비결만 알게 되면 당신도 출판사를 자동화하여 쉽게 책을 출간할 수 있게 됩니다.

누군가는 한 권의 책을 출간하여 일 년 동안 유지하는 것만 수천만 원의 돈이 든다고 합니다. 그런 사람은 1인출판을 제대로 못하는 사람입니다. 한 권당 수천만 원이 들면 누가 하겠습니까? 나도 안합니다. 그 돈이면 나는 10권 이상의 책을 출간할 수 있습니다. 지금도 그렇게 하고 있습니다.

나는 내가 책도 쓰고 편집도 하고 책 디자인도 한다

나는 내 책을 내가 쓰고 편집도 내가 하고 책 디자인도 내가 합니다. 책을 쓰고 편집하고 디자인하는 방법을 알면 정말 쉽습니다. 나는 내가 원하는 책을 내가 만듭니다.

나는 첫 책을 디자이너와 함께 했습니다. 그런데 수정을 하려고 하면 시간이 많이 걸렸고 나중에는 눈치까지 보게 되었습니다. 수정이 많으면 디자이너는 싫어합니다.

그래서 나는 내가 직접 디자인하기로 마음먹고 그 방법을 금방 익혔습니다. 하루에도 몇 권의 책 디자인이 나옵니다. 출판사를 세워 책 디자인도 내가 하고 책도 내가 쓰고 편집하면 무슨 돈이 들겠습니까? 인쇄만 하면 내 책이 나오게 됩니다.

1인기업은 출판도 혼자 다 할 수 있어야 합니다. 그래야 적은 비용으로 크게 성공하게 됩니다.

내가 1인창업으로 1인기업을 세우라고 하는 이유는 바로 이것입니다. 중소기업이나 대기업처럼 투자하고 일해서는 1인기업으로 성공할 수 없습니다.

책을 쓰라고 말하는 사람들의 대부분은 자신의 출판사를 가지고 있습니다. 자신의 출판사를 세우는 것이 1인기업의 성공비결이기 때문입니다.

1인기업가가 원하는 책을 자신의 출판사에서 100권 써낸다면 무슨 일이 일어나겠습니까? 기적이 일어납니다. 자신이 생각했던 것보다 더 크게 성공하게 됩니다.

당신의 책 100권 중에 한 권의 책이라도 읽은 사람들은 당신을 찾아오게 될 것입니다.

1인기업으로 성공하려면 책의 초고를 단기간에 완성하라

초고는 책의 재료가 되는 원고를 말합니다. 처음 생각나는 대로 쓴 원고를 말합니다. 초고를 써내야 퇴고의 과정을 거쳐 책으로 출간할 수 있습니다.

초고가 있어야 퇴고도 할 수 있고 책으로 출간할 수도 있는 것입니다. 그렇다면 초고만 있다면 책을 금방 출간할 수 있지 않을까요? 초고가 있으면 단기간에 책을 출간할 수 있습니다.

작가들 사이에서는 초고를 보잘 것 없는 쓰레기처럼 취급하기도 합니다. 왜 그럴까요? 퇴고를 하고 나면 초고는 대부분 사라지기 때문입니다.

하지만 나는 초고의 대부분을 책에 담습니다. 내가 말하는 깨닫는 책쓰기는 다른 책쓰기와는 다릅니다. 내 초고는 내 삶의 이야기와 깨달음이 풍성합니다.

초고에 내 삶과 깨달음이 풍성하면 버릴 것이 있을까요? 하나도 없습니다. 나만의 소중한 삶의 이야기와 깨달음이기 때문에 버릴 것 하나 없이 모두 책에 담게 됩니다.

그래서 나는 초고만 되면 책의 마무리 단계로 들어갑니다. 정말 놀랍지 않습니까? 책쓰기는 쉽고 재미있습니다.

내게 코칭받은 천재작가들도 초고를 단기간에 써내고 있습니다. 250~300페이지가 되는 초고를 2주 만에 써내고 한 달 만에 써냅니다. 초고는 책쓰기의 아주 기본일 뿐입니다.

내 초고에는 내 스토리와 깨달음이 가득하다

당신은 초고를 어떻게 쓰고 있습니까?

나는 초고에 내 스토리를 가득 담습니다. 나는 내 책을 내가 보고 싶어서 씁니다. 내가 내 스토리와 깨달음을 볼 때마다 또 깨닫고, 더 큰 깨달음이 터져 나오기 때문입니다. 그래서 내 책은 내가 가장 재미있게 읽습니다. 나는 아침마다 내 책을 읽습니다.

가장 위대한 자기계발은 내 삶에서 깨닫는 것입니다. 내 삶에서 깨닫는 가장 탁월한 방법은 내 스토리와 깨달음이 가득 담긴 내 책을 써서 읽는 것입니다. 탁월하고 천재적인 자기계발 방법입니다.

나는 책을 쓸 때 내 스토리부터 가득 씁니다. 나는 다른 사람들의 책을 무작정 사서 그 책에서 무언가를 얻으려고 하지 않습니다. 나는 무조건 내 스토리를 끄집어냅니다. 내가 지금 쌓아놓은 초고를 퇴고하고 책으로 출간하면 엄청난 양이 될 것입니다. 책쓰기가 쉽고 재미있다고 말하는 이유는 스토리를 담기 때문입니다.

수많은 사람들이 책을 쓰겠다고 하면 구성부터 합니다. 제목을 정하고 목차를 구성합니다. 나는 내 삶을 담기 때문에 구성부터 할 수 없습니다. 당신의 삶을 구성할 수 있나요?

나는 처음 책을 쓸 때 스토리를 가득 담으면서 '정말 내 스토리만 가득 담아도 책이 될까?'라는 생각을 했습니다. 그렇게 쓴 내 첫 책이 내 인생을 바꿔 놓았습니다. 내게 책쓰기 코칭을 받은 고객도 이런 질문을 합니다.

"장열정 회장님, 스토리를 가득 담아 놓아도 책이 되나요? 제 이야기는 사람들이 궁금해 하지 않을 것 같아요."

"작가님, 작가님의 삶과 깨달음을 읽고 깨달은 사람들이 작가님에게 찾아올 것입니다. 작가님이 지금 하고 있는 일과 앞으로 하려고 하는 일은 작가님의 삶과 깨달음을 통해 이루어진 것입니다. 작가님의 스토리는 작가님을 만든 가장 위대한 이야기입니다. 그 스토리를 가치 있게 생각하세요. 그 이야기를 통해 수많은 사람들이 변화될 것이며 그들의 성공과 행복을 도울 것입니다."

스토리는 수많은 사람들을 변화시킵니다. 왜 그럴까요? 나는 사람들에게 1인창업의 천재적인 방법을 알리기 위해 애썼습니다. 무료로 가르치기도 많이 했습니다.

무료로 가르치기만 했더니 사람들이 실제로 움직이지 않았습니다. 이론을 알려주고 기술을 알려준다고 해서 사람들이 성공하지 않았습니다. 그래서 심히 고민했습니다. 사람들을 어떻게 움직이게 할까? 그들의 성공을 위해 어떻게 도우면 될까?

나는 그것에서 스토리의 위대함을 깨달았습니다. 스토리는 사람의 마음을 움직이는 탁월한 힘이 있었습니다. 나도 스토리를 통해 깨닫고 움직이기 시작했기 때문입니다. 그렇다면 나도 사람들에게 스토리를 전하면 되는 것이었습니다.

당신도 사람들에게 전하고 싶은 것이 있습니까? 다른 사람의 스토리가 아닌 당신의 스토리를 천재적으로 전하십시오. 스토리가 사람의 마음을 움직입니다.

1인기업으로 성공하려면 퇴고도 당신이 해라

수많은 작가들이 초고는 써냅니다. 그런데 퇴고는 할 줄 모릅니다. 대부분 퇴고를 문장의 맞춤법을 수정한다고 생각하고 있습니다. 아닙니다. 퇴고는 출간할 수 있을 정도로 책 전체를 놓고 밀고 두들겨 가다듬는 작업을 말합니다.

퇴고를 하게 되면 책이 바로 인쇄될 정도로 편집이 됩니다. 대부분의 작가들은 진정한 퇴고를 못하고 있습니다. 퇴고는 출판사들이 해주기 때문입니다.

나는 퇴고를 내가 직접 다합니다. 쉽고 간단합니다. 내게 코칭받은 고객도 퇴고를 직접 다합니다. 그들도 쉽고 간단하게 합니다. 시간이 많이 걸릴 때도 있지만 그 방법은 너무나 쉽습니다.

당신은 직접 퇴고하고 있습니까?

나는 1인출판사를 세워 내가 출간까지 하고 있기 때문에 퇴고도 직접 합니다. 퇴고를 할 줄 안다면 어떻게 될까요? 자신의 책을 마음껏 출간할 수 있게 됩니다.

내가 책에 담고 싶은 내용을 다 담아도 됩니다. 출판사와 신경전을 벌이면서 자존심이 상할 필요도 없습니다. 내가 담고 싶은 메시지를 어쩔 수 없이 빼야 하는 상황이 일어나지 않아도 됩니다. 내 책은 나만 편집할 수 있습니다.

그래서 나는 내게 코칭받는 작가들에게 퇴고하는 방법도 알려줍니다. 초고를 단기간에 써내고 책이 출간될 수 있을 정도로 퇴고까지 하게 합니다.

퇴고가 끝났다고 해서 책이 끝난 것이 아닙니다. 가치를 부가하고 증가시키는 작업을 해야 합니다.

1인기업으로 성공하려면 가치를 부가하라

가치를 부가하는 작업은 출판사도 어려워합니다. 대부분 잘 못합니다. 1인기업은 가치를 부가해야 크게 성공하게 됩니다.

가치를 어떻게 부가하면 되나요?

먼저 자신의 가치에 대해 깨달으면 됩니다. 책의 초고를 써내고 퇴고를 하게 되면 자신의 가치에 대해 깨닫게 됩니다. 그래서 짜깁기 책을 쓰지 말라고 하는 겁니다. 다른 사람들의 이야기로는 자신의 가치에 대해 깨닫지 못하기 때문입니다.

내게 코칭받은 고객들은 자신의 가치를 깨닫고 있습니다. 깨달으면 어떻게 될까요? 자신의 인생을 스스로 개척해 갑니다.

자신의 가치는 자신이 먼저 인정하는 것입니다. 나는 내 가치를 내 스스로 먼저 인정했습니다. 그리고 당당하게 알렸습니다. 그랬더니 다른 사람이 내 가치를 인정하기 시작했습니다. 나를 존중해 주고 존경까지 했습니다.

책은 작가의 인생이 바뀌고 독자의 인생이 바뀌는 위대한 예술입니다. 작가의 가치도 높이고 독자의 인생까지 바꾸는 가장 위대한 예술은 가치를 부가하는 데 있습니다.

내가 내게 코칭받은 작가들의 원고에 손을 대기 시작하면 완전히 다른 책이 됩니다. 그들은 내게 말합니다.

"장열정 회장님, 회장님이 손을 대니 완전히 다른 책이 되었습니다. 책으로 왜 성공하는지 이제야 깨달았습니다. 책의 가치가 백배, 천배로 올라갔습니다. 억만 번이나 감사합니다."

이렇게 말하는 이유가 있습니다. 내가 그들의 가치를 깨닫게 해 그들이 변했기 때문입니다. 나는 당신에게도 말합니다.

"당신도 당신의 가치를 깨닫게 되면 완전히 다른 인생이 됩니다. 당신의 가치는 엄청납니다. 당신은 가치 있는 사람입니다."

1인기업으로 성공하려면 자신의 가치를 인정하고 자신에게 가치를 부가하고 고객이 가치 있게 생각하는 제품을 만들면 크게 성공합니다.

깨닫는 책쓰기 원리를 알게 되면 당신도 천재작가가 된다

천재는 누구일까요?

천재는 자신의 삶을 표현하는 사람입니다. 천재화가는 자신의 삶을 그림으로 표현합니다. 천재사진가는 사진 한 장에 자신의 삶을 표현합니다. 당신이 아는 천재의 모습도 그렇지 않습니까?

천재작가는 자신의 삶과 깨달음을 책에 담는 작가를 말합니다. 다른 사람의 이야기를 짜깁기해서 책을 다작하는 작가가 아닌 자신의 삶과 깨달음을 담는 작가가 독자의 인생을 변화시킵니다.

나는 천재작가입니다. 내 천재적인 삶과 깨달음을 책에 과감히 담았습니다. 내 책을 본 독자는 내 열광적인 팬이 되었습니다. 그 열광적인 팬은 내게 책쓰기코칭을 받아 천재작가가 되었습니다.

나는 누군가의 꿈이 되었습니다. 독자는 나를 부러워했습니다. 그런 그가 단기간에 천재작가가 되어 책을 출간했습니다. 놀랍지 않습니까? 기적이 일어난 것입니다.

깨닫는 책쓰기 원리에는 엄청난 힘이 있습니다. 그 방법은 정말 간단합니다. 나는 지금도 원리만 가지고 책을 써내고 있습니다. 몇 주 동안 교육을 받지 않아도 한 시간 만에 원리를 배우고 2주 만에 초고를 써내게 됩니다.

나는 책을 많이 읽지도 않는 사람이었습니다. 그런 내가 천재작가가 되어 누군가의 꿈이 되었고 그들의 꿈을 돕고 있습니다. 책도 많이 안 읽었던 내가 작가를 세우고 있습니다.

그럴 수 있나요? 자신의 삶과 깨달음을 담는 아주 탁월하고 천재적인 방법이기 때문에 가능합니다.

책을 많이 읽는다고 천재작가가 되는 것이 아닙니다. 책 한 권을 읽더라도 깨닫게 되면 천재작가가 됩니다. 깨닫기 위해서 책을 읽는 것이지 무작정 책을 다 머릿속에 집어넣기 위해 책을 읽는 것은 진정한 책읽기가 아닙니다.

짜깁기 책을 쓰지 말고 깨닫는 책을 써내라

나는 깨닫는 책을 씁니다. 내 삶과 깨달음이 담긴 책은 독자도 깨닫고, 작가도 깨닫게 하는 천재적인 책입니다.

짜깁기 책은 성공한 사람들의 이야기를 가져다가 자신의 생각을 조금 붙여 완성한 책을 말합니다. 나는 이런 책을 성공 모음집이라고 합니다.

성공한 사람들의 이야기가 아닌 당신의 삶과 깨달음을 담아내십시오. 그래도 됩니다. 당신의 책을 사는 사람들은 당신의 삶과 깨달음을 읽고 싶어 합니다.

다른 유명한 사람들의 이야기는 그들의 책에도 다 나옵니다. 당신이 하지 않아도 다른 사람들이 지금도 하고 있습니다.

다른 사람이 하고 있는 책쓰기를 하지 말고, 전 세계에서 오직 당신만이 할 수 있는 책쓰기를 하십시오. 당신의 이야기와 깨달음은 전 세계에서 유일한 것입니다. 그 기적 같은 일을 당신이 해야 합니다.

당신이 1인기업이라면 절대 짜깁기하지 말고 삶과 깨달음이 담긴 책을 써내야 합니다. 그래야 1인기업으로 성공합니다. 그래야 당신의 열광적인 고객이 생기고, 그들이 당신의 제품을 사게 됩니다.

짜깁기 책은 성공한 사람을 홍보하는 책이다

나는 책을 한 권 써낸 작가들이 다음 길을 알지 못해 방황하는 모습을 많이 봤습니다. 예전 직장으로 다시 돌아가거나 똑같은 수준에서 계속 머물러서 아무것도 하지 못하는 모습을 많이 봤습니다. 어떤 책을 써냈는지에 따라 길이 달라집니다.

짜깁기 책을 써낸 작가는 다음 길을 모릅니다. 또 다른 유명한 작가의 책을 짜깁기하려고 합니다. 짜깁기로는 자신의 길을 알 수 없습니다. 짜깁기는 짜깁기에서 끝납니다.

짜깁기를 왜 합니까? 이미 나와 있는 책을 왜 다시 짜깁기합니까? 그렇게 하지 말고 자신의 삶과 깨달음이 담긴 책을 써내야 앞길이 보이고 크게 성공하게 됩니다.

나는 내 책을 보고 내 인생의 길을 깨닫습니다. 책 속에 내 삶과 깨달음을 담아 놓고, 내 꿈도 다 담아 놨기 때문에 내가 원하는 길을 갈 수 있습니다. 책에 이름과 얼굴을 박아 출간했으면 작가의 삶과 깨달음이 있어야 합니다.

독자가 이름과 얼굴이 박힌 책을 사는 이유를 아십니까? 그 사람이 성공한 사람들의 스토리를 얼마나 알고 있는 지를 보는 것이 아니라 바로 그 작가의 삶과 깨달음이 궁금하기 때문입니다.

작가의 삶의 이야기를 알고 싶어서, 작가의 삶을 통해 깨달음을 얻고 싶어서 가치를 지불하고 책을 삽니다. 그 가치에 합당한 깨달음을 책에 과감히 담아내야 합니다.

나는 이름과 얼굴이 박힌 책을 써내면서 다른 사람의 이야기를 잔뜩 모아 놓은 성공 모음집 같은 책은 이제 아예 읽지도 않습니다. 그런 책은 목차만 봐도 알게 됩니다.

당신도 그런 책을 읽지 말고 작가의 삶과 깨달음이 담긴 책을 읽으십시오. 그래야 생각이 바뀌고 인생이 바뀌게 됩니다.

내가 책을 써내는 이유는 나만의 스토리와 깨달음이 있기 때문입니다. 전 세계 70억 명에게는 각자의 삶과 스토리가 있습니다. 작가들은 그 사실을 놓치고 있습니다.

독자들이 왜 만화를 읽습니까? 스토리가 있기 때문입니다.

독자들이 왜 소설을 좋아합니까? 스토리가 있기 때문입니다.

당신도 책쓰기로 작가를 꿈꿉니까? 그렇다면 당신만이 가지고 있는 당신의 삶과 깨달음을 책에 담아내십시오. 당신의 삶과 깨달음이 담긴 책은 전 세계에서 딱 한 권뿐입니다.

당신도 책을 써내서 작가가 되었습니까? 그렇다면 다음 책에는 꼭 당신의 삶과 깨달음을 담아내십시오. '내가 어떻게 내 삶과 깨달음을 담아내?'라고 생각하지 마십시오.

당신의 책을 사서 읽는 독자는 바로 당신의 삶과 깨달음을 궁금해 하지, 다른 성공한 사람들의 이야기를 궁금해 하는 것이 아닙니다. 성공한 사람들의 이야기는 성공한 사람들의 책을 사서 읽으면 됩니다. 당신은 성공한 사람들을 홍보하는 역할을 하지 마십시오.

평생 100권 이상 책을 써내라

나는 평생 천 권의 책을 써내겠다고 결단했습니다. 이것은 내 꿈입니다. 내 생각과 내 말과 내 행동을 모두 책에 담아 자손에게 유산으로 남길 것입니다.

나는 내 열광적인 고객을 위해 책을 써낼 것입니다. 내 열광적인 고객이 나보다 더 크게 성공하기 위해 책을 써내야만 합니다.

내 열광적인 고객이 매일 행복하게 살기 위해 책을 써내야 합니다. 내 열광적인 고객의 사업이 크게 성공하기 위해 책을 써내야만 합니다.

이것은 내 역할입니다. 내 사명입니다. 나는 내 열광적인 고객을 위해 내가 가진 모든 지혜와 깨달음을 전수할 것입니다.

이것은 내 행복입니다. 나는 나만 성공하는 것이 아닌 내 고객과 함께 성공하는 것을 원합니다. 그래서 지금 그 일을 하고 있고 고객도 성공하고 있습니다.

나는 내가 가진 모든 원리를 전수합니다. 성공한 사람들이 알려주지 않는 1인출판의 비밀도 알려줍니다. 그들이 공개하지 못하는 것들을 모두 공개하고 그들보다 더 성공하게 합니다. 그러면 안 됩니까? 그래도 됩니다.

성공하는 방법을 몰라서 그렇지, 방법만 알면 의식 수준이 높은 사람들은 그 사람들보다 더 크게 성공하게 됩니다. 그래서 나는 두 가지 코칭을 합니다.

첫째, 고객의 의식 수준을 높입니다.
둘째, 고객에게 천재적인 원리와 방법을 알려줍니다.

그러면 그들은 성공자들을 뛰어넘는 세계적인 인물이 됩니다. '정말 세계적인 인물이 됩니까? 말도 안 됩니다.'라고 생각합니까? 그들의 방법대로 하면 되지 않겠습니까? 그들이 어떤 생각을 가지고 그 일을 했는지 알면 되지 않습니까? 그리고 당신도 그 생각으로 그 일을 하면 되지 않겠습니까? 성공은 쉽고 간단합니다. 온갖 핑계를 대면서 하지 못하는 사람은 부정적인 이유만 나열하기 때문에 하지 못하는 것입니다.

성공한 사람들 중에는 부정적인 이야기를 하는 사람들이 없습니다. 긍정적인 말, 믿음의 말, 꿈의 말, 세상을 바꾸는 말만 했습니다. 그랬기 때문에 그들이 성공했습니다. 당신은 무슨 말을 합니까? 남을 저주합니까?

나는 성공하는 사람들의 더 큰 성공을 위해 축복합니다. 성공을 위해 준비하는 사람들에게도 반드시 성공하라고 축복합니다. 그럼 그 축복은 내게 더 크게 돌아옵니다.

성공한 사람, 돈 많은 사람, 세계적인 인물들을 저주하지 말고 축복하십시오. 그들에게 준 축복이 당신에게 돌아와 당신도 성공하고 부요한 사람이 됩니다. 당신은 세계적인 인물이 될 것입니다.

종이의 값이 아니라 종이에 담는 삶과 깨달음에 값을 매겨라

책은 종이를 묶어서 만든 제품입니다. 그 안에 담는 내용의 기준은 없습니다. 종이에 표현할 수 있는 것을 묶으면 책이 됩니다.

종이에 삶을 담아 묶으면 책이 됩니다. 종이에 깨달음을 담아 묶으면 책이 됩니다. 종이에 그림을 담아 묶으면 책이 됩니다. 종이에 사진을 담아 묶으면 책이 됩니다.

수많은 출판사들이 종이에 값을 매깁니다. 그렇게 해서는 안 됩니다. 종이의 값이 아닌, 종이에 무엇을 담았는지에 따라 값을 매겨야 합니다.

세계적인 화가는 한 장의 종이에 자신의 삶과 깨달음을 그려 억대수입을 올립니다. 나는 책 250쪽에 삶과 깨달음을 담아 놓았기 때문에 더 큰 값을 받아야 하지 않겠습니까?

종이는 단지 내 삶과 깨달음을 담는 공간일 뿐입니다. 종이에 값을 매기지 말고 종이에 담는 삶과 깨달음에 가치를 매겨 값을 정해야 합니다.

자신이 깨달은 메시지를 전하기 위해 백배로 강해져라

나만 전할 수 있는 메시지가 있습니다. 그 메시지를 전하는 것을 사명으로 여겨야 합니다. 사명이 있는 사람은 먼지같이 작은 일들이 일어나도 푯대를 향해 나아가게 됩니다.

어떤 일이 있어도 그 메시지를 전하기 위해 백배로 강한 마음을 가져야 합니다. 강한 마음을 갖고, 그것보다 또 백배로 더 강한 마음을 가지십시오. 그러면 어떤 일이 일어나도 눈 하나 깜빡이지 않고 자신이 하고자 하는 일을 끝까지 해내게 됩니다.

당신이 가지고 있는 메시지를 세상에 전하십시오. 당신의 깨달음이 한 시대를 이끌어 가고 세상을 변화시킬 것입니다.

제6부 - 열정그룹 장열정 회장의 이야기와 깨달음
크게 성공하는 1인기업의 마케팅비결

당신도 크게 성공하고 싶습니까?

나는 책마케팅으로 크게 성공했습니다. 크게 성공한 사람들은 모두 자신의 이름과 얼굴이 박힌 책을 써냈습니다. 나도 세계적인 인물이 되기 위해 내 이름과 얼굴이 박힌 책을 써냈습니다.

세계적인 인물들은 모두 자신의 분야에서 인정받았습니다. 인정받는 방법에는 여러 가지가 있습니다. 그 중 최고의 방법은 책입니다. 자신의 분야에서 책을 써내면 인정받게 됩니다.

나와 당신이 알고 있는 많은 사람들의 이야기는 책을 통해 전해지고 있습니다. 그렇지 않습니까?

하나님의 말씀도 성경이라는 책을 통해 수천 년 동안 전해지고 있습니다. 하나님은 하나님의 사람들에게 책을 쓰게 하셨습니다. 그로 인해 나와 당신은 축복을 누리고 있습니다. 많은 사람들은 성경책을 통해 하나님을 만나고 있습니다.

나도 하나님의 방법대로 책을 남겼습니다. 1인창업이라는 독보적인 분야에서 책을 써냈습니다. 내 책은 천년 동안 남아 대대손손 내 이야기를 전할 것입니다. 최고의 유산 아닙니까?

내 책을 읽는 자손들은 노예의 삶을 살지 않고 억만장자로 살 것입니다. 나는 책을 통해 탁월한 유산을 남겼습니다.

나는 책을 통해서 내 재능을 전국과 세계에 알렸습니다.

나는 전문가로 인정받고 있습니다. 나는 앞으로 수백 권의 책을 써낼 것입니다. 책으로 써내고 싶은 이야기가 정말 많습니다.

사람들이 당신을 믿어 주지 않아 심히 고민됩니까?

그렇다면 책을 써내면 됩니다. 당신이 가지고 있는 재능과 지혜를 책으로 써낸다면 모든 사람들이 당신을 인정하게 됩니다. 내가 그랬습니다.

나는 창업에 대한 내용뿐만 아니라 가족에 대한 지혜, 건강에 대한 지혜를 책에 담았습니다. 내가 쓴 책을 통해 사람들의 인생이 바뀌었습니다. 이것이 책의 힘입니다. 책에는 신적 권위가 있기 때문입니다.

당신도 당신만의 지혜가 담긴 책을 써내십시오. 당신도 세계적인 인물이 될 것입니다. 책은 전국과 세계를 날아다니며 당신의 이야기를 전하게 됩니다.

나 장열정이 말하는 책마케팅을 하십시오.

자신을 기업으로 퍼스널 브랜딩하라

나는 책을 써내고 퍼스널 브랜딩했습니다. 내 고객도 내 이름과 얼굴이 박힌 책으로 나를 먼저 만나고, 또 나를 보기 위해 찾아옵니다. 잠깐이라도 한번 만나보려고 땅 끝에서도 옵니다.

그것은 개인적인 만남 이상의 의미를 갖습니다. '장열정'이라는 기업에 찾아오는 것입니다. 기업에 찾아온다는 것은 무엇을 말합니까? 내게 가치를 지불한다는 것입니다. 돈을 내고 내게 무언가를 얻어 간다는 것입니다. 제품이든, 코칭이든, 책이든, 뭐든 말입니다.

퍼스널 브랜딩은 자신을 기업으로 브랜딩 하는 것을 말합니다. 대부분의 사람들은 회사의 이름과 건물을 브랜딩합니다.

퍼스널 브랜딩은 내가 기업이 되는 것을 말합니다. 사람들은 내 얼굴과 이름을 기억하게 됩니다. 나를 전문가로 인정하고 찾아옵니다. 전문가가 되려면 결과를 만들면 됩니다.

고객들은 결과를 중요하게 생각합니다. 전문가로 인정할 수 있는 결과물을 보여줘야 믿습니다. 내가 전문가라는 것을 어떻게든 보여줘야 합니다. 가장 탁월한 방법이 책입니다.

책은 고객에게 보여줄 수 있는 가장 신뢰할 만한 결과입니다. 밤낮 잡다한 마케팅 때문에 고민하지 말고 만사를 제쳐놓고 책부터 써내십시오. 책마케팅이 최고의 마케팅입니다.

책으로 독자와 일대일로 만나라

나는 책으로 상담하고 있습니다. 책에 고객과 상담한 내용을 담았습니다. 고객들이 궁금해 하는 것들을 담아냈습니다. 나는 책을 통해 탁월하게 상담하고 있습니다.

나는 책을 써내기 전에는 내 고객을 찾아다니기 바빴습니다. 매일 같이 내 고객을 찾기 위해 많은 시간을 투자했습니다. 그렇게 많은 시간을 투자했지만 결국 내 고객을 찾지 못했습니다.

나는 이 모든 것을 과감하게 중단하고 책을 써내기로 결단했습니다. 그리고 한 달 만에 280쪽 원고를 써냈습니다.

내 책이 출간되고 고객들이 먼저 나를 찾아왔습니다.

"장열정 작가님께 코칭 받고 싶습니다."

"장열정 선생님께 강연을 듣고 싶습니다."

"장열정 회장님께 창업을 배우고 싶습니다."

책을 써내기 전에는 내가 한명씩 찾아다니면서 설명해야 했습니다. 하지만 이제는 그렇게 하지 않습니다. 내 책을 읽은 사람들은 내게 먼저 찾아옵니다. 식사 대접을 하려고 합니다. 나를 어떻게든 한번이라도 만나려고 합니다.

나는 내 책을 읽은 사람들과만 이야기합니다. 내 책을 읽지 않은 사람들은 내가 어떤 일을 하는지 모릅니다. 내가 하는 이야기를 모른 채 무엇이라도 얻으려고 옵니다.

한 번은 이런 연락이 왔습니다.

"서점에서 장열정 작가님의 책을 봤습니다. 1인창업을 하고 싶은데 수익 구조가 어떻게 되는지 궁금합니다."

"책에 나옵니다. 책은 읽으셨나요?"

"아니요. 서점에서 표지만 봤습니다."

"책에 다 나옵니다. 책부터 읽고 연락하세요."

대부분의 사람들은 자신의 원하는 대답만 들으려고 합니다. 그것만 궁금해 합니다. 수많은 사람들이 창업도 그렇고 마케팅도 그렇게 하고 있습니다. 나는 이를 통해 깨달음을 얻었습니다.

책마케팅은 전문가로 인정받는 가장 빠른 방법입니다. 책을 통해 고객을 모으면 억대수입을 올릴 수 있습니다. 고객에게 먼저 찾아가지 않고 고객이 나를 찾아오게 할 수 있습니다.

이미 많은 사람들이 책마케팅을 하고 있습니다. 당신도 지금 당신의 이름과 얼굴이 박힌 책부터 써내십시오. 이것이 최고의 마케팅입니다.

책마케팅으로 천년마케팅하라

책은 역사상 그 무엇과도 비교할 수 없는 최고의 마케팅입니다. 책마케팅은 바이블 마케팅이라고도 합니다. 책은 신적인 권위가 있기 때문입니다. 책마케팅을 하면 잡다한 마케팅은 졸업하게 됩니다. 책마케팅이 마케팅의 끝임을 깨닫기 때문입니다.

책 한 권은 한 사람의 인생을 바꿉니다. 책을 읽는 독자의 인생이 바뀝니다. 눈으로 보고, 입으로 소리 내어 읽고, 귀로 들으면 작가에 대한 믿음이 생기게 됩니다. 믿음은 들음에서 나고 읽음에서 납니다.

나도 책을 읽고 인생이 바뀌었습니다. 나는 매일 책을 읽고 깨달음을 얻습니다. 당신도 내 책을 읽으면 깨닫게 됩니다.

세월을 벌어야 합니다. 경험해서 깨닫는 것도 있고 읽고 배우면서 깨닫는 것도 있습니다. 책은 읽고 배우면서 깨닫게 해줍니다. 수십 년간 깨달은 것을 몇 개월 만에 깨달을 수 있는 것이 바로 책의 힘입니다. 책에는 인생을 바꿀 수 있는 힘이 있습니다.

책에는 큰 깨달음이 담겨 있습니다. 큰 깨달음에는 큰 가치가 있습니다. 나는 책을 읽고 세월을 벌 수 있다면 무엇이든 지불했습니다. 10년 동안 경험해야 깨달을 수 있는 것들을 책을 읽고 단기간에 깨닫게 되기 때문입니다.

책은 천년 동안 남습니다. 성경책도 수천 년간 나와 당신을 구원하기 위해 전해지지 않았습니까? 수많은 작가들이 책으로 유산을 남기고 있습니다. 책은 역사상 가장 위대한 유산입니다.

책을 써내서 천년 동안 마케팅 하십시오. 당신의 책은 천년 동안 남아 당신의 자손에게 전해질 것입니다.

하루 일해서 하루 동안 유지되는 잡다한 마케팅을 졸업하십시오. 한 권의 책으로 천년 동안 남는 천년마케팅을 하십시오.

책을 써내면 누리게 되는 축복들

책을 써내면 어떤 일이 일어날까요?

책을 써내면 많은 일이 일어납니다. 생각하지 못한 일들이 일어납니다. 행복하고 감사한 일들이 넘쳐 납니다.

나는 창업하면서 책부터 써냈습니다. 물론 처음에는 바로 시작하지 못하고, 고민하고 생각한다고 세월을 낭비했습니다. 처음부터 책마케팅을 했다면 세월을 벌었을 것입니다.

그럼 책을 써내고 어떤 일이 일어났을까요?

첫째, 나는 꿈을 이뤘습니다.

나는 책을 써내고 사업가와 강연가와 작가가 되었습니다. 책을 통해 전국과 세계에 나를 알렸습니다. 책이 출판되고 여러 단체에서 강연 요청을 받았습니다. 한 시간에 수백만 원 이상의 돈을 받고 강연을 했습니다. 또한 책을 써내고 작가 선생님이라고 불렸습니다.

내 책을 써내기 전에는 꿈을 이루기 위해 발버둥 쳤습니다. 성공한 사람들에게 찾아가 조언을 구하기도 했고, 밤새 고민하며 머리 싸매는 고통의 시간을 보냈습니다.

그런데 책을 써냈더니 이 모든 것이 한 번에 해결되었습니다. 이제는 사람들이 1인창업과 책마케팅 전문가인 나를 찾아옵니다. 책은 꿈을 이루는 최고의 방법이었습니다. 너무나 놀라웠습니다. 고민했던 많은 부분들이 단 한 권의 책으로 해결됐습니다.

나는 우리나라에서 생소한 정보업을 하고 있습니다. 1인창업 코칭이라는 사업을 시작하고 고민이 많았습니다. 많은 사람들은 정보업에 대해 모르고 있었기 때문입니다. 그런데 책을 써냈더니 많은 사람들이 너도나도 1인창업을 하겠다며 나를 찾아왔습니다.

둘째, 나는 전문가로 인정받았습니다.

나는 1인창업을 하면서 깨달은 것들과 사업하면서 깨달은 것들을 책에 담았습니다. 많은 사람들이 궁금해 하는 것도 책에 다 담았습니다. 그랬더니 수많은 사람들은 나를 전문가로 인정했습니다. 1인창업이라는 새로운 길을 알려주는 것만으로도 나를 존경했습니다. 이것이 책마케팅의 힘입니다.

책이 나오기 전에는 말도 안 되는 일이라고 했습니다. 내게 미쳤다고 했습니다. 도대체 누가 그런 일을 하며, 어떤 고객이 그렇게 고가의 코칭을 받느냐고 반박했습니다. 지금은 그렇게 소리를 높였던 사람들로부터 존경의 문자, 전화가 밤낮없이 오고 있습니다.

책을 써내면 나를 비난했던 사람들에게까지 인정받게 됩니다. 책에는 신적인 권위가 있기 때문에 내 책을 읽은 사람들은 모두 나를 전문가로 인정합니다.

셋째, 자동으로 홍보됩니다.

내 책은 전국과 세계를 돌아다니며 나를 홍보하고 있습니다. 책을 내기 전에는 내가 움직여야만 홍보할 수 있었습니다. 메일을 보내든, 쪽지를 보내든, 온라인 홍보를 잘하기 위해 매일같이 정성스러운 글과 사진을 찍어서 인터넷에 올려야 했습니다. 이제는 그럴 필요가 없어졌습니다. 대형 서점과 온라인 서점에 책이 유통되어 전국과 세계에서 수많은 고객들이 나를 책으로 만나고 있습니다.

나는 메일 마케팅과 쪽지 마케팅, 온라인 마케팅을 했었습니다. 매일 노예같이 마케팅을 해야 했습니다. 물론 효과도 있었습니다. 그러나 그 효과는 일시적이었고, 단기간에 끝나는 것이었습니다.

나를 전문가로 인정해서 나를 찾아오는 것이 아니었습니다. 그들은 스팸 광고를 보고 나를 찾아오는 것이었기 때문에 겉으로 보기에는 사람들이 북적대는 것처럼 보여도 실제로는 고액수입을 올리기 힘들었습니다. 물론 분야에 따라 다르긴 하지만, 대부분 고액수입을 올리지 못합니다.

다른 마케팅은 다양한 환경에 영향을 받습니다. 외부적인 환경에 의해 사업이 어렵게 흘러가기도 합니다. 특히 온라인 마케팅은 포털 사이트의 시스템에 영향을 많이 받습니다. 잘되던 마케팅이 하루아침에 무너지기도 합니다. 내 자영업은 온라인 마케팅에 의존해서 완전히 무너졌습니다.

책마케팅은 외부 환경에 영향을 받지 않습니다. 아이템도, 제품도 모두 자신의 재능으로 하기 때문에 누구에게도 영향을 받지 않습니다. 이렇게 책을 한권이 아닌 10권, 100권 이상 써내면 전국과 세계에 나를 대신해서 홍보하는 책들이 많아지는 것입니다. 이것이 책마케팅의 탁월한 자동 홍보 방법입니다.

넷째, 전국과 세계를 돌아다니며 내 대신 상담합니다.

다른 마케팅을 할 때에는 사람들이 모이면 내가 직접 가서 고객과 상담해야 했습니다. 여러 사람들을 만나 그들의 이야기를 들어주고 어려움을 해결해 주는 일은 참으로 행복한 일입니다.

하지만 그렇게 많은 시간을 들이게 되면 정작 상담하는 사람은 지치게 됩니다. 상담이 일이 되어 버리면 피곤해집니다. 모든 일은 행복하게 해야 합니다.

고객이 궁금해 하는 내용을 책에 다 담아내게 되면 상담도 자동으로 됩니다. 전국과 세계를 돌아다니며 내 대신 책이 상담하게 됩니다. 이것이 얼마나 행복한 일입니까? 나는 매일 놀랍니다.

책을 읽은 고객들은 나 장열정을 기억하고 내게 코칭 받기 위해 나를 찾아오게 됩니다.

마케팅은 단기간이 아닌 오랫동안 지속되는 것이어야만 합니다. 그래야 더 크게 성공하고 사업도 발전할 수 있습니다. 책마케팅은 천년 마케팅입니다.

책은 꿈을 이루는 최고의 방법이다

당신은 꿈을 이루고 있습니까?

나는 책으로 꿈을 이루고 있습니다. 내 첫 책 '1인창업으로 억만장자가 되라'를 통해 나는 1인창업 전문가가 되었습니다.

나는 대학에서부터 마케팅 전문가가 되고 싶었습니다. 직장에서도 마케팅 전문가가 되기 위해 많은 노력을 했습니다. 마케팅을 연구하고 공부했습니다.

하지만 직장에서 아무리 발버둥 쳐봤자 직장에서만 전문가로 인정받았습니다. 그렇게 해서는 주변 사람들에게도 인정받기 어렵습니다. 그런데 책이 나오니 다들 존중하고 존경하기까지 했습니다.

책이 나오기 전에 하는 이야기는 잔소리, 헛소리, 딴소리로 취급받습니다. 그런데 그 똑같은 내용을 책에 써 놓으면 깨달음으로 인정받습니다. 책은 이렇게 대단한 힘이 있습니다.

책을 통해 꿈을 이루는 것은 간단합니다. 자신이 좋아하는 분야에 대한 책을 써내면 됩니다. 자신이 잘하는 분야의 책을 써내면 됩니다. 그 어느 누구도 개척하지 못한 분야에서 책을 써내면 독보적인 권위자로 인정받습니다.

고객들과 이야기를 해보면 대부분 자신만의 아이디어가 있습니다. 그 아이디어를 책에 담아 놓으면 전문가로 인정받습니다. 하지만 책을 써내기 주저합니다. 전문가가 되기를 주저합니다. 그런데 크게 성공하고 싶어 합니다. 당신도 그렇습니까?

책은 꿈을 이루는 가장 탁월한 방법입니다. 당신도 나처럼 잘하는 분야에서 책을 써내고 좋아하는 분야에서 책을 써내십시오. 꿈을 이루는 책을 써내십시오. 그 꿈이 이뤄집니다.

일상에서 얻는 깨달음이 가장 위대한 깨달음이다

당신은 책에 어떤 내용을 쓰고 싶습니까?

나는 책에 사소한 일을 담습니다. 그것이 내 삶이고 내 방식이고 내 깨달음이기 때문입니다. 탁월함은 사소한 것에 나옵니다. 일상에서 얻는 깨달음이 가장 크고 위대한 깨달음입니다.

나는 책을 쓰기 전에 고민이 많았습니다. 대단한 내용을 담아야 하지 않을까하는 압박감이 있었기 때문입니다. 사람들이 놀랄 만한 내용이 떠오르지 않았습니다.

나는 세 달이 넘는 시간 동안 책만 읽었습니다. 책을 읽으면서 내 이야기가 많이 떠올랐지만 사소하고 작은 일이라고 여겼습니다. 사람들이 전혀 궁금해 하지 않을 것 같았고 나를 인정하지 않을 것 같았습니다.

나는 그렇게 일상에서 얻는 깨달음을 그저 흘려보내고 있었습니다. 흘려보낸 것은 생각을 해내려고 해도 생각이 도무지 나지 않았습니다. 답답하기만 했습니다.

백번 고민하는 것보다 한번 해보는 것이 지혜로운 선택입니다. 컴퓨터를 켜고 책을 쓰기 시작했습니다. 그래도 책이 잘 써지지 않았습니다. 가장 큰 문제는 내 스스로 나의 일상이 가치 있다고 생각하지 않는 것에 있었습니다. 나는 계속해서 특별한 것을 찾고 있었습니다. 바로 내가 전 세계에서 딱 하나 뿐인 아주 특별한 존재인데 말입니다.

내가 책을 읽으면서 깨달은 것, 아내와 대화를 하면서 깨달은 것, 직장 생활 하면서 깨달은 것, 내가 사업을 하면서 깨달은 것, 딸과 놀다가 깨달은 것들이 아주 작게 느껴졌습니다.

하지만 많은 사람들은 내 생활을 궁금해 했습니다. 내 고객들은 내 일상을 궁금해 했습니다. 바로 그 작은 일상들이 모여 나만의 독보적인 분야가 개척되었기 때문입니다.

나는 내 특별함을 깨닫고 작은 일상부터 책으로 써내기 시작했습니다. 한 시간 동안 자판을 정신없이 두드리고서 다시 읽어봤습니다. 큰 충격을 받았습니다. 내 작은 일상에는 탁월한 깨달음이 풍성했습니다. 큰 깨달음이 많았습니다.

우리 생활 속의 작은 부분도 너무나 소중합니다. 이것은 엄청난 가치가 있습니다. 일상생활에서 큰 행복을 누리는 사람은 큰 일을 할 수 있습니다. 그러므로 일상생활에서 얻는 깨달음으로 책을 써내면 독자의 인생이 바뀝니다.

많은 사람들은 자신의 일상에서 많은 부분들을 실천하지 못하며 살아가고 있습니다. 대화, 생각, 생활 이외에도 많은 부분들을 알고 있음에도 적용하지 못합니다. 왜 적용하지 못할까요? 적용하는 방법을 모르기 때문입니다. 누군가 적용할 수 있는 쉬운 방법을 알려주었다면 실천했을 것입니다.

'내가 30년 동안 고민했던 것을 이렇게 쉽게 설명하고 적용할 수 있도록 책으로 써냈네, 이 작가는 정말 대단하다.'

'매일 중요하다고 생각하지 않고 넘긴 부분인데 이 부분을 내가 놓치고 있었네, 이것만 내가 바로 잡았다면 더 행복한 생활을 할 수 있었을 텐데 지금부터 그렇게 살아야겠다.'

사람들이 크게 인정하는 것은 성공한 이야기만이 아닙니다. 힘들고 어려운 시기를 극복한 이야기를 담아내면 사람들은 더 크게 공감하고, 감동받고, 더 나아가 인생이 변화됩니다.

당신의 이야기는 세상 어떤 것보다 가치 있습니다. 내 이야기도 마찬가지입니다. 그러므로 당신이 책을 읽는 지금 이 순간에 깨달은 것도 어느 누군가에게는 엄청난 깨달음이 됩니다.

당신만 누리고 있는 당신만의 삶과 스토리로 책을 써내십시오. 당신은 많은 사람들의 꿈과 희망이 될 것입니다.

책을 써내면 남녀노소 누구나 당신을 전문가로 인정한다

나는 내 책을 누가 봐줄까 고민하며 머뭇거리고 있었습니다. 그런데 책을 써내니 남녀노소 할 것 없이 누구나 나를 전문가로 인정했습니다. 내 책을 읽고 나를 만나고 싶어 했습니다.

나는 내게 찾아오는 고객에게 책부터 써내라고 합니다. 창업 아이템이 있든 없든 일단 책부터 써내면 책을 쓰는 도중에 꿈을 찾게 되고 재능을 발견하게 됩니다. 자신의 인생을 생각해보고, 자신의 삶과 깨달음을 끄집어내어 책에 담기 때문에 가능한 일입니다.

"책부터 써내세요. 누구나 당신을 전문가로 인정합니다. 대우가 달라집니다. 최고의 마케팅입니다. 책부터 써내세요."

"장열정 회장님, 저는 책쓰는 재능이 없습니다."

"아닙니다. 말하는 것과 같습니다. 누구나 책쓰는 재능이 있습니다. 오늘부터 시작하면 한 달 만에 300페이지 원고를 써내게 됩니다. 저도 그랬고 내게 코칭받은 고객도 한 달 만에 써냈습니다."

"아, 그렇군요. 근데 누가 제 책을 봐줄까요?"

"네, 누구나 전문가로 인정합니다. 제가 그랬습니다. 책 없이 1인창업원리가 좋다고 백날 소리쳐도 들어주는 사람이 없었습니다. 그런데 책을 써내니 고객이 내게 먼저 찾아왔습니다. 책마케팅은 최고의 마케팅입니다."

나도 책을 써내기 전까지는 자신이 없었습니다. 그런데 책이 출간되니 모든 것이 달라졌습니다. 한순간에 인생이 달라진 것입니다. 인생이 180도 달라졌습니다. 완전히 뒤집어졌습니다.

책으로 꿈도 이루었고 전문가로도 인정받았습니다. 전국을 돌아다니며 마음껏 강연하고 있습니다.

70대 할머니는 책을 써내고 할머니에서 작가 선생님이 되었습니다. 삶과 깨달음을 전하는 책을 써내고 성공했습니다.

60대 아저씨는 잔소리만 하는 남편에서 책을 써내고 존경받는 남편이 되었습니다. 책은 자신을 가장 크게 변화시키지만 가족의 삶도 변화시킵니다.

50대에 은퇴한 과장님도 책을 써내고 노후 준비는 물론 그동안 누리지 못한 행복한 삶을 살고 있습니다.

심지어 10대에 책을 쓴 고등학생은 작가 선생님으로 불리며 억대수입을 올리고 있습니다.

책은 연령을 뛰어넘어 기적을 일으킵니다.

당신의 책은 과연 누가 사서 읽을까요?

전국과 세계에 있는 수많은 사람들이 당신의 책을 봅니다. 책을 써내기 전에 하는 말은 뜬구름 잡는 이야기로 여겨지지만, 깨달음을 책에 담아 놓으면 한 줄로도 다른 사람의 인생을 바꾸는 위대한 이야기가 됩니다. 당신이 누군가의 꿈이 되는 것입니다.

지금부터 책을 써내면 됩니다. 책을 써내기 가장 좋은 시기는 없습니다. 지금이 가장 좋은 시기입니다.

당신만의 재능과 아이디어를 전국과 세계에 홍보하십시오. 누구나 당신을 전문가로 인정합니다. 그 분야의 독보적인 권위자로 인정합니다. 당신에게 도움을 받고자 하는 많은 사람들이 당신을 찾아오게 됩니다.

당신도 책을 써내면 독자에게 감사와 존경의 문자를 받는다

나는 책을 써내고 독자들에게 매일 같이 감사 문자를 받고 있습니다. 정말 행복합니다. 전문가로 인정받을 뿐만 아니라 누군가의 희망이 되고 꿈이 되는 것은 참으로 행복한 일입니다.

책을 써내고 일주일이 지나자 문자가 왔습니다.

"작가 선생님 감사합니다. 책 정말 잘 읽었습니다. 1인창업에 관심이 많았고 하고 싶었습니다. 이렇게 1인창업의 길을 알려주셔서 감사합니다. 한번 꼭 찾아뵙고 감사의 인사를 드리고 싶습니다. 정말 감사하고 감사합니다."

나는 문자를 받고 감동받았습니다. 책을 써내기 전에는 '누가 내 책을 읽어 줄까?'라는 생각까지 했습니다. 그런데 책을 읽은 수많은 사람들에게 연락이 오기 시작했습니다.

"장열정 회장님 정말 대단하십니다. 책을 읽고 삶의 희망이 생겼습니다. 힘든 상황에서 절망하고 있었습니다. 꿈이 생기게 되었습니다. 너무나 감사드립니다."

이것은 내가 꿈꾸던 삶이었습니다. 누군가에게 희망이 되고 싶었습니다. 누군가의 꿈이 되고 싶었습니다.

삶에서 가장 힘들 때 희망이 생기면 또 다른 인생을 살게 됩니다. 제2의 인생을 살게 되는 것입니다. 내가 그랬습니다. 내가 가장 힘들 때 나는 다시 꿈꿨습니다. 희망이 생겼습니다. 이것이 나를 일으켜 준 가장 큰 힘이 되었습니다.

당신의 꿈은 무엇입니까?

당신에게는 어떤 희망이 있습니까?

나는 누군가의 꿈이 되었습니다. 나는 누군가의 희망이 되었습니다. 코칭을 받은 고객들의 삶이 변하고 있습니다. 먼저 자신의 내면이 변화됩니다. 그리고 아내와의 관계가 변합니다. 여자친구는 물론 주변 친구들과의 관계도 변합니다. 부모님과의 관계도 달라집니다. 기적이 일어납니다.

나는 기적 같은 삶을 살고 있습니다. 꿈을 이루고 있으니 말입니다. 또한 누군가의 꿈을 이루어 주고 있으니 말입니다. 이것이 기적이 아니고 무엇이겠습니까? 누군가의 삶을 통째로 바꾼다는 것이 가장 큰 기적입니다. 인생 대혁명이 일어났습니다.

나는 하나님을 만나고 기적 같은 삶을 살고 있습니다. 내게 꿈을 주셨고 이루게 하셨습니다. 내게 성령을 보내셔서 내면을 변화시키셨고 성령님과 동업하게 하심으로 나는 많은 사람들을 천재적으로 코치하고 있습니다.

많은 사람들은 자신도 추스르기 벅찬 데 다른 사람까지 어떻게 신경 쓰냐고 말합니다. 나는 그들에게 말합니다.

"나는 내 삶을 그대로 전하는 것뿐입니다. 억지로 만들거나 짜내는 것이 아닌 내 삶과 깨달음을 전하는 것이기 때문에 쉽고 재미있습니다. 어려운 것은 하나도 없습니다. 성령님께서 함께 하시니 나는 그분의 음성을 따라 움직일 뿐입니다."

나는 내 삶을 그대로 전하고 있습니다. 다른 사람의 삶을 전하지 않습니다. 나는 내 이야기만 하고 내 깨달음만 전합니다.

나는 성령님의 음성에 따라 삽니다. 멈추라면 멈추고 가라고 하면 힘껏 뛰어 날아오릅니다. 나는 이렇게 삽니다. 성령님과 함께 하는 삶은 행복합니다.

세미나와 특강 내용을 책에 다 담아내라

나는 책부터 써 놓고 세미나하고 있습니다. 나는 1인창업특강과 책쓰기, 1인출판, 책마케팅, 창업아이템특강을 하고 있습니다.

특강에 참석하지 못하는 사람들에게 세미나 내용을 책에 다 담아냈으니 책부터 사서 읽으라고 합니다. 특강도 자동화해 놓았습니다.

책은 세미나보다 백배, 천배로 강력한 마케팅 수단입니다. 세미나는 매번 강의를 해야 하고 고객과 상담해야 합니다. 책은 그렇지 않습니다. 한번 써 놓고 수천 부의 책을 인쇄해서 전국과 세계로 퍼져 나가게 하면 됩니다. 세미나 내용을 책에 담아 놓고 마케팅 하면 매주 힘들게 세미나를 하지 않아도 됩니다.

첫째, 책은 세미나를 자동화합니다.

책에 세미나 내용을 다 담아 놓으십시오. 해남 땅 끝에서도, 미국에서도 책으로 세미나에 참석할 수 있게 하십시오. 책은 전 세계를 돌아다니며 당신 대신 세미나를 해줍니다.

둘째, 책은 상담을 자동화합니다.

사업을 자동화해 놓으면 자유롭고 여유로운 생활을 누릴 수 있습니다. 매번 움직여서 수입을 올리려고 하지 말고 책으로 세미나와 상담을 자동화해 놓고 가족과 나를 위한 행복한 시간을 보내십시오. 매주 힘들게 침 튀겨 가면서 고객과 씨름하지 말고 고객에게 깨달음을 주는 천재적인 책마케팅을 하십시오.

크게 성공하는 기업은 크게 성공하는 마케팅을 한다

나는 마케팅 인생을 살았습니다. 나는 직장에서 물건이 좋던 좋지 않던 무조건 홍보해야 했습니다. 심지어는 잘 모르는 제품도 홍보한 적도 있고 마음에 들지 않는 물건도 홍보한 적이 있습니다. 많은 고객들이 제품에 대한 좋지 않은 이야기를 해도 나는 끝까지 홍보해야 했습니다.

그것이 직장에서 내가 해야 할 일이었고, 내가 인정받을 수 있는 길이었습니다. 무조건 팔기 위한 마케팅 방법은 여러 가지가 있었습니다.

첫 번째 회사에서는 중저가의 제품을 팔았습니다. 그 방법은 회사 홈페이지를 운영하고 많은 고객들을 어떻게든 홈페이지에 들어오게 했습니다. 그러기 위해 팀장은 언론사 기자도 했습니다. 신제품이 나오면 기사를 작성하여 언론에 홍보했습니다.

그는 회사 제품만 홍보할 수 없으니까 다른 여러 잡다한 기사를 작성해야 했습니다. 그래서 자리를 비우는 날이 많았습니다. 팀장이 자리를 비우면 내가 마케팅팀 팀장 역할을 했습니다.

그때는 언론 홍보가 그렇게 대단해 보일 수가 없었습니다. 지금도 물론 방향과 목적이 정확하다면 대단한 일이라고 생각합니다. 하지만 그 팀장은 회사의 일보다 기자의 역할을 더 잘 했습니다. 기자의 역할을 잘 감당하고, 남는 시간에 회사 일을 했습니다. 실적도 그만큼만 발생했습니다.

그러던 어느 날 팀장이 위기를 느꼈는지 온라인 마케팅으로 시선을 돌렸습니다. 주변 기자들에게 들은 내용들을 적용하기 시작했습니다. 블로그와 카페, SNS마케팅을 시작했습니다. 전문가도 없이 신입사원인 내가 시작했습니다.

나는 먼저 온라인 카페와 블로그를 꾸미기 시작했습니다. 잘 꾸며 놓아야 사람들이 들어와서 머문다고 생각했기 때문입니다. 카페는 5개 이상을 만들었고 블로그는 개인용으로 몇 개를 만들었습니다. 블로그는 아무것도 모른 상태에서 시작했는데 일주일이 넘어가니 하루 방문자가 500명이 넘었습니다.

내 일상을 공유하며 회사의 제품도 홍보했습니다. 며칠 동안 홍보했더니 제품을 검색해서 블로그에 들어오는 사람들도 생겼습니다. 직장의 일이 재밌어지기 시작했습니다.

나는 팀장에게 인정받았습니다.

"장주임, 처음 블로그를 하는데 정말 잘하는구먼, 이 여새를 몰아 카페도 성공해 봐, 그 속도로 하면 빠르게 자리 잡을 수 있겠어, 내가 나가서 걱정 안 해도 되겠구먼. 아주 잘하고 있어."

팀장은 내게 이렇게 힘을 주었습니다. 내 스스로 힘도 났고 흥미로웠습니다. 놀랍기도 했습니다. 회의를 마치고 또 열심히 홍보해서 사람들을 모으기 시작했습니다.

그때 팀장이 알려준 방법은 다른 온라인 카페의 사람들에게 메일과 쪽지를 보내는 것이었습니다. 내 회사와 관련이 있는 카페에 들어가 많은 사람들에게 메일과 쪽지를 보냈습니다. 처음에는 효과가 있었습니다. 가입하는 회원들도 늘어 갔습니다.

매일 다른 카페에 들어가 사람들에게 메일과 쪽지를 보냈습니다. 내가 하는 일 중에서 가장 중요한 부분이었습니다. 그렇게 해야만 사람들이 카페에 가입했기 때문입니다. 나는 한동안 매일 똑같은 일을 했습니다. 단순 노동이 따로 없었습니다.

팀장은 사람들이 모이는 숫자를 보고 무료 이벤트를 제안했습니다. 50만원 상당의 무료 상품을 준비하여 이벤트를 열었습니다. 이벤트에 참여하는 사람들은 5명 정도 되었습니다. 5명에게 50만원을 나눠준 것입니다.

그렇다면 이 사람들은 과연 회사의 물건을 구입했을까요?

아니요, 한명도 구입하지 않았습니다. 나는 오랜 시간 동안 온라인 카페와 블로그 마케팅을 했습니다. 회사 생활을 처음 하는 신입사원이 아무에게 도움 받지 않고 말입니다. 정말 열심히 했습니다. 눈에 보이는 효과는 좋았습니다. 하지만 매출로 이어지지는 않았습니다.

대학에서 배운 마케팅은 시간을 두고 효과가 나타난다고 했습니다. 팀장에게도 이렇게 말했습니다.

"팀장님, 마케팅의 효과는 바로 나타나지 않습니다. 시간을 두고 나타납니다. 분명 제품을 구입할 시기가 오면 우리 제품이 생각나서 구입할 것입니다. 그게 마케팅 아니겠습니까?"

나는 회사를 입사할 때 배울 것이 많다고 생각했습니다. 그러나 내 상사들은 두 달 만에 모두 그만뒀습니다. 내가 상사가 되어 신입사원을 채용하고 그들에게 업무를 지시했습니다. 이렇게 꾸려진 마케팅팀이 얼마나 발전할 수 있을까요?

내게는 엄청난 기회였습니다. 마케팅팀에서 자리를 굳힐 수 있는 절호의 기회였습니다. 실제로 매달 월급이 오르고 있었습니다. 하지만 나는 배울 것이 없어 사표를 던지고 첫 직장에서 나왔습니다. 남들은 아깝다고 했지만 최고의 선택이었습니다.

그곳에 머무는 것은 미래를 위한 일이 아니라고 생각했습니다. 지금 그 회사는 그때 그 자리에 여전히 머물러 있습니다. 오히려 그때보다 더 좋지 않은 상황이 된 것 같습니다.

당신은 지금 어떤 마케팅을 하고 있습니까?

작은 우물에서 마케팅하고 있습니까? 당신의 미래에 도움이 되는 일을 하고 있습니까? 그 일에 인생을 걸고 있습니까?

나는 회사에서 아주 사소한 일을 했습니다. 회사 사장도 작은 마인드였고 마케팅팀 팀장도 작은 꿈을 갖고 있었기 때문입니다. 그들과 함께 더 많은 시간 동안 일했다면 정에 휘둘려 지금까지 작은 마케팅만 하고 있었을지도 모릅니다.

나는 과감히 사표를 던지고 나왔습니다. 평생 후회하지 않습니다. 지금도 너무나 잘한 선택이라고 믿습니다. 작은 꿈은 작은 현실이 되고, 작은 마인드는 작고 가난하게 살게 됩니다. 마케팅은 너무나 중요합니다. 크게 성공하는 비결은 바로 책마케팅입니다.

삶과 깨달음이 담긴 책에 천재적인 제품까지 홍보하라

나는 내 책에 내 홍보를 많이 담아 놓았습니다. 독자들에게 동기부여하고 꿈을 이루게 하기 위해서입니다. 듣기에만 좋은 소리는 뜬구름 잡는 이야기가 됩니다. 나는 독자들도 나처럼 성공하고 행복할 수 있도록 돕는 탁월한 방법을 코칭합니다.

나는 내 코칭 과정을 책에 담아냈습니다. 독자들 중에서 코칭 받고 싶은 사람들은 내게 연락합니다. 나와 일대일로 만나 코칭 받고 그들의 인생에 기적이 일어나고 있습니다.

풍족하고 행복해서 시작한 사람들보다는 어렵고 힘든 상황에서 없을 때 과감하게 투자하여 꿈을 이루고 있는 사람들이 대부분입니다. 나를 처음 만나면 대부분 이렇게 이야기합니다.

"장열정 회장님, 지금 제 상황은 너무나 어렵습니다. 너무나 힘든 상황 가운데 있습니다. 저를 좀 도와주세요."

나는 그들에게 담대하게 말합니다.

"네, 그 마음 누구보다 잘 압니다. 저도 그랬습니다. 정말 힘든 상황에서 지푸라기라도 잡고 싶은 마음이었습니다. 정말 힘들어서 모든 것을 내려놓고 싶었던 적도 있습니다. 저도 빈손으로 시작했습니다. 제 꿈을 이루기 위해 절박한 마음으로 움직였습니다. 변화는 오늘부터 시작됩니다. 없는 것을 있는 것처럼 불러내고 안 되는 것을 되게 하시고 죽은 자도 살리시는 전지전능하신 하나님을 믿고 크게 저지르십시오. 그러면 원하는 것을 다 얻게 되며 크게 성공합니다. 제가 그랬습니다."

"그렇군요. 큰 용기를 얻었습니다. 장열정 회장님께 배워서 꿈을 이루고 행복해지고 싶습니다. 꼭 도와주세요."

내게 등록비를 당당하게 내고 코칭에 등록한 사람은 내 코칭을 가장 귀하게 생각합니다. 그것에 대한 가치를 지불하고 코칭을 받았기 때문입니다. 하지만 일단 들어보고 후불로 내겠다고 하는 사람은 내 코칭을 실천하지 않습니다.

듣기만 좋아하고 실천하지 않기 때문입니다. 등록비를 내지 않은 코칭은 잔소리, 딴소리, 헛소리에 불과합니다. 그래서 나는 절대 할인해 주거나 무료로 코칭하지 않습니다.

나를 믿고 끝까지 따라오는 사람은 끝까지 책임집니다. 어떻게든 성공시킵니다. 내가 가진 모든 노하우를 알려줍니다.

내게 코칭 받은 사람들은 모두 성공해야 합니다. 나는 그렇게 코치하고 있습니다. 나는 내게 코칭 받은 사람들이 다 성공하고, 더 행복해지도록 책임질 것입니다. 이것이 내 사명이자 내가 해야 할 역할입니다.

천재적인 사업가는 홍보의 달인이다

당신은 홍보에 대해서 어떻게 생각합니까?

나는 홍보의 달인입니다. 나는 나를 가장 잘 홍보하는 사람입니다. 그 어느 누구도 나보다 내 홍보를 잘하는 사람은 없습니다. 나는 전 세계에서 나를 가장 잘 홍보하는 사람입니다.

나도 처음에는 나를 홍보하는 것이 어색했습니다. 자신이 없었기 때문입니다. '과연 내가 나를 홍보해도 되나? 욕먹지 않을까? 누가 내 가치를 인정해 줄까?'라고 고민했습니다.

나는 세 번의 직장 경험을 통해서 나를 홍보하는 것 대신에 사장님을 홍보하고 회사의 물건을 홍보하는 것에만 집중했습니다.

회사에서는 그것만 원했습니다. 회사에서 원하는 대로 움직였고 사장이 원하는 대로 움직였습니다.

그러다 보니 나는 나와 내 물건에 대해서 홍보하는 것보다 남의 물건과 회사를 홍보하는 것에만 자신이 있었습니다. 그것에만 익숙해지고 능숙해져 있었습니다.

대학교에서도 마찬가지였습니다. 나를 홍보하는 것이 아니라 남을 홍보하는 것을 공부했습니다. 어떻게 하면 남을 잘 홍보할 수 있는지를 끊임없이 연구하고 분석했습니다. 그래서 나는 대학교 때부터 직장 생활까지 남을 홍보하는 달인이었습니다.

나는 1인창업하고 내 얼굴을 내놓는 것이 어색했습니다. 내 이름을 걸고 창업하여 사업을 하고 있는데 내 얼굴과 이름을 내놓는 것이 어색했습니다. 그런 생각으로 홍보가 잘 되겠습니까?

이름을 밝히지도 못했고 얼굴을 내놓지도 못했는데 내가 가지고 있는 지혜와 깨달음을 팔 수 있겠습니까? 제품을 팔 수 있겠습니까? 절대 잘하지 못합니다.

나는 이런 두려움을 내 책을 통해서 뛰어넘었습니다. 내 책에 이름과 얼굴을 당당하게 내걸었습니다. 표지 전체에 내 얼굴을 넣었습니다. 나는 자신감이 생겼고 나를 홍보할 수 있는 첫 번째 발걸음을 내디뎠습니다. 설레서 잠도 못 잤습니다.

나는 책을 써내고 내 이름과 얼굴에 자신감이 생겼습니다. 사람들은 내 이름과 내 얼굴을 보고 찾아옵니다.

많은 사람들은 자신의 이름을 홍보하는 것을 두려워하고 싫어합니다. 자신을 홍보하는 것보다 남을 홍보하는 것에 익숙하고 능숙해져 있었습니다.

내 이름과 얼굴을 홍보하는 순간부터 사람들은 나를 인정해 주고 내가 하는 모든 것을 배우고 싶어 했습니다. 사람들은 나를 만나고 싶어 했습니다. 나는 깨달았습니다.

첫째, 나를 가장 잘 아는 사람은 나입니다.

당연한 이야기입니다. 하지만 사람들은 자신을 홍보하지 못합니다. 두렵고 걱정되고 자신감이 없기 때문에 못합니다. 1인창업을 하려면 자신의 이름과 얼굴을 당당하게 홍보해야 합니다.

둘째, 나를 나보다 더 잘 아는 분은 하나님입니다.

하나님은 나를 만드셨고 나를 지으셨습니다. 하나님은 내게 엄청난 복을 주셨고 온전한 복음을 통해 행복을 누리게 하셨습니다. 하나님이 주신 재능을 내가 홍보해야 합니다.

나를 지으신 하나님께서 나를 이끄시는 방법이기 때문에 홍보해야 합니다. 내 이름과 얼굴도 마찬가지입니다. 나는 나의 모든 것을 알리고, 강하고 담대하게 성령님과 함께 동업해야 합니다.

나는 더 이상 두렵지 않습니다. 성령님과 동업하기 때문입니다. 나는 더 이상 걱정하지 않습니다. 성령님과 동업하기 때문입니다. 나는 당당하게 내 이름과 얼굴을 내세웁니다. 성령님께서 나를 자랑스러워하시기 때문입니다. 아, 행복합니다.

당신도 당신의 이름과 얼굴을 홍보하십시오. 당신이 먼저 당신의 가치를 인정하십시오. 당신의 가치를 극대화하고 더 높은 가격에 파십시오. 그러면 당신도 천재적인 사업가가 됩니다.

전국과 세계를 날아다니는 분신을 만들라

당신은 어떻게 마케팅하고 있습니까? 매일 머리를 쥐어뜯어 가며 고민합니까?

하루에 몇 시간씩 마케팅에만 시간을 보내고 있습니까?

나는 내 책을 분신으로 만들었습니다. 내 책은 나를 대신해서 전국과 세계를 날아다니며 홍보하고 있습니다. 책 한 권이 아닌 내가 쓰는 모든 책이 전국과 세계를 날아다닐 것입니다.

나는 매일 마케팅 때문에 고생하지 않습니다. 나는 내가 하고 싶은 일을 하며 삶을 즐기고 있습니다. 내게 주어진 축복을 마음껏 누리고 있습니다. 책 한 권은 수십 년 동안 일시적인 마케팅을 하는 것보다 백배, 천배 강한 힘이 있습니다.

내 책은 나를 대신해 온전한 복음을 전하고 있습니다. 당신의 삶과 깨달음을 담은 천재적인 책은 당신의 분신이 되어 당신 대신 홍보하고 상담할 것입니다. 당신의 분신을 만드십시오.

일시적인 마케팅을 중단하고 천년 마케팅을 하라

당신은 일시적인 마케팅을 하고 있습니까?

잠깐의 이벤트로만 마케팅을 하고 있습니까?

나도 한때는 일시적인 마케팅을 했습니다. 허접한 방법으로 홍보했습니다. 하루 3시간 이상 마케팅에 시간을 투자했습니다. 효과도 없는 마케팅에 내 모든 노동력을 소비하곤 했습니다.

나는 책마케팅은 엄두도 못 냈습니다. 책은 성공한 사람들이 써내는 것이라고 생각했습니다. 대통령이나 국회의원, 성공한 사업가들이 써내는 것이라고 생각했습니다. 실제로 그런 사람들이 쓴 책이 잘 팔리고 있었기 때문입니다.

나는 그런 책을 볼 때 엄청난 동기부여가 됐습니다.

'나도 저 사람처럼 성공해야지.'

'나도 저 사람처럼 공부를 열심히 해야지.'

이렇게 마음속으로 외치며 그들을 따라가는 삶을 선택했습니다. 이 사람이 했던 방법들을 따라 하다가 잘 안되면 또 다른 사람이 했던 방법을 따라 했습니다. 그렇게 나는 책을 통해 성공의 길을 찾고 있었습니다.

여러 책을 구매하며 성공비결을 찾고 있을 때 나는 한 가지 사실을 깨달았습니다. 그런 책은 모두 공통점이 있었습니다. 대부분 뻔한 내용이라는 것입니다. 이 사람, 저 사람의 이야기가 같았습니다. 그리고 일상에서 적용할 수 없는 이야기들이 많았습니다. 도저히 똑같이 할 수 없었습니다.

책을 읽고 매번 이런 생각을 했습니다.

'그래서 어떻게 하라는 거지?'

'그럼 내가 무엇을 해야 하지?'

나는 삶에 적용할 수 없는 책과 깨달음이 오지 않는 책은 더 이상 보지 않기로 했습니다. 그래서 나는 내가 그런 책을 씁니다. 누구나 적용할 수 있는 원리가 담긴 책을 써내고 있습니다.

일시적인 마케팅은 하루 혹은 한 달 혹은 1년이면 없어집니다. 또다시 해야 합니다. 그렇게 매번 많은 시간과 돈을 투자해서 반복해야만 합니다.

책마케팅은 그렇지 않습니다. 책을 출간하면 천년 동안 깨달음을 전하게 됩니다. 1인기업가라면 책마케팅을 해야 합니다.

매일 힘들게 마케팅에 많은 시간을 투자하지 말고 매일 같이 사업에 대한 깨달음을 얻고 책으로 써내야 합니다. 지혜와 깨달음을 럭셔리하게 팔아야 합니다.

제 7 부 – 열정그룹 장열정 회장의 이야기와 깨달음
크게 성공하는 1인기업 아이템은 당신 안에 있다

당신은 창업아이템을 어디서 찾고 있습니까?

창업아이템은 바로 당신의 재능입니다. 창업아이템은 이미 당신 안에 있습니다. 당신의 재능을 끄집어내어 깨닫고 그것으로 사업을 하면 됩니다.

'말도 안 돼. 그게 무슨 창업아이템이야? 그걸로 어떻게 억대 수입을 올리고 억만장자가 돼?'라고 생각합니까?

나는 내 재능부터 인정했습니다. 내 재능을 내가 사랑하게 되었습니다. 당신도 당신의 재능을 인정하고 사랑하면 됩니다. 당신이 당신의 재능을 인정하지 않으면 성공할 수 없습니다. 당신은 특별한 존재이며, 당신의 재능 또한 특별합니다.

나는 자신의 생각과 깨달음을 하찮게 여기는 사람들을 많이 만났습니다. 자신을 하찮게 여기면 다른 사람들도 자신을 하찮게 여기게 됩니다. 그렇지 않습니까?

'내 주제에 무슨 사업을 해?'

'내 주제에 무슨 강연을 해?'

'내 주제에 무슨 책을 써?'

당신도 그렇게 생각합니까?

독특한 레스토랑으로 세계 20여 개국 500여개 매장을 보유한 파파이스 창업자 알 코플랜드(Al Copeland)는 "당신에게 가장 중요한 것은 자기 자신을 믿는 것이다"고 말했습니다.

꿈은 만들어집니다. 사업가도 만들어집니다. 작가와 강연가도 만들어집니다. 나도 당신에게 말합니다.

"당신의 재능을 스스로 인정하고 사랑한다면 당신도 천재작가, 천재강연가, 천재사업가가 됩니다."

누구에게나 생각이 있고 그 생각은 특별합니다. 당신도 마찬가지입니다. 당신의 생각은 정말 특별합니다. 당신의 아이디어로 창업하면 억만장자가 됩니다.

우리나라에는 1100개의 사업과 1200개의 직업이 있다

당신은 어떤 분야에서 창업하고 싶습니까?

당신의 창업아이템은 당신 안에 있습니다. 우리나라에는 약 1,100개의 사업과 약 1,200개의 직업이 있습니다. 나는 그 중에서 선택하려고 하지 않고 내 재능부터 끄집어내는 것에 집중했습니다. 그래서 나는 내 재능으로 내가 하고 싶은 일만 하는 천재적인 사업을 하고 있습니다.

전 세계 70억 명의 사람들은 각자의 꿈과 소원이 있습니다. 당신도 당신이 원하는 인생을 살기 위해 창업을 했거나 창업을 하려고 할 것입니다. 꿈과 소원을 이룰 수 있는 창업아이템은 당신의 재능입니다. 당신의 재능으로 창업하는 것이 크게 성공하는 비결입니다. 이것부터 깨달아야 합니다.

나도 천개가 넘는 창업아이템을 보면서 고민이 많았습니다. 내가 원하는 창업이 없다는 사실에 큰 충격을 받았습니다. 그래서 나는 내가 사업을 만들기로 했습니다. 있는 것을 활용하고 없는 것을 만드는 것이 내 재능입니다.

천개의 창업아이템에는 성공한 사람들이 있었습니다. 나는 그들을 보고 깨달았습니다. 그들도 자신만의 창업아이템을 만들어 사업을 시작했다는 것입니다.

그들은 모두 평범한 사람이었습니다. 단 한 가지 특별한 점이 있다면 그들은 자신의 재능을 깨달았다는 것입니다. 자신이 좋아하고 잘하는 재능으로 창업하여 그 분야에서 성공의 길을 가고 있었습니다. 날마다 더 크게 성공하는 일을 하고 있었습니다.

나도 내 천재적인 재능으로 창업했습니다. 내 천재적인 재능은 바로 다른 사람들의 재능을 끄집어내어 크게 성공하는 사업을 하게 하는 것입니다.

나는 내 재능을 깨닫고 '장열정의 1인창업연구소'를 설립하여 창업자들을 만나고 있습니다. 나는 그들과 몇 마디만 나눠 보면 그들의 길이 보입니다. 1인창업코칭과 책쓰기, 강연코칭을 하면 더 명확해집니다. 그들은 내게 말합니다.

"장열정 회장님, 나는 평생 재능을 모르고 살았습니다. 제 재능을 무시하고 다른 것을 찾아 헤맸습니다. 다른 사람이 하고 있는 것이 더 좋아 보였습니다. 그런데 제 재능을 깨닫고 보니 내가 평생 사랑하며 잘할 수 있는 일은 바로 제 재능으로 사업하면서 재능을 극대화하는 것임을 깨달았습니다. 제 인생의 앞길이 보입니다. 인생이 달라졌습니다. 너무나 감사드립니다."

내가 만난 수많은 사람들이 자신의 재능을 작게 봤습니다. 그저 남의 재능을 더 크게 여기기 바빴습니다. 그런 사람은 성공할 수 없습니다. 남을 쫓아다니면서 창업하면 가랑이가 찢어집니다.

나는 창업자들에게 말합니다.

"남의 떡을 크게 보지 마라. 당신이 더 크게 성공하면 분명 다른 사람이 당신의 떡을 크게 볼 날이 온다. 그것이 천재적인 창업가의 재능에 대한 믿음이다."

나는 창업을 '자신의 사업을 만드는 것'이라고 말합니다. 사업은 만드는 것입니다. 어떤 사업을 만드냐고요? 바로 자신의 재능에 맞게 사업을 만들어야 합니다.

자신에게 맞는 사업을 하면 경쟁할 필요도 없습니다. 평생 열정을 불태우며 자신의 일을 하면 됩니다. 자신의 일을 열정적으로 사랑하게 되며 조금만 일해도 엄청난 결과가 나오게 됩니다.

어떤 창업자는 내게 찾아와서 이렇게 말합니다.

"장열정 회장님이 괜찮은 창업아이템을 골라 주시면 제가 한번 해보겠습니다. 나는 돈도 있고 시간도 많습니다."

"아, 그래요? 내가 성공아이템을 알려주면 창업하겠습니까? 그럼 영어 분야에서 창업해 보세요."

"알겠습니다. 그럼 내일부터 영어 강사를 섭외하겠습니다. 영어 강사 섭외만 끝나면 바로 사업을 진행하겠습니다."

물론 그렇게 사업을 시작해도 됩니다. 하지만 그런 사업이 얼마나 성공할까요? 유지하기에도 벅찹니다. 유지하는 사업은 크게 성공할 수도 없습니다.

자신의 재능이 사람들을 모으는 일이라면 사람을 모으는 사업을 해야 합니다. 하지만 사람을 모아서 시작하면 그 사람들에게 휘둘리는 사업이 됩니다. 영어 강사가 그만 둔다고 하면 다른 영어 강사를 섭외하기 바쁩니다. 그런 사업은 사업 확장보다 영어 강사 섭외하다가 세월을 보내게 됩니다.

나는 그보다 자신의 이름과 얼굴을 내걸고 창업하는 것이 백배, 천배로 탁월한 선택이라고 생각합니다. 사람들을 모으는 재능이 있다면 자신의 이름과 얼굴을 건 회사를 설립하여 당당하게 사람을 모으십시오. 그리고 그들을 코칭하여 성공시키는 것이 자신의 회사를 성공시키는 것입니다.

세계적인 기업도 재능으로 제품을 만들었다

세계적인 기업은 어떻게 창업했을까요?

리더가 좋아하는 분야에서 사업을 시작했습니다. 자신이 잘하는 분야에서 행복하게 창업했습니다. 재능을 계발하고 제품을 쏟아 냈습니다. 그래서 세계적인 기업이 되었습니다.

사업은 한 가지 제품으로 끝나는 것이 아닙니다. 평생을 봐야 합니다. 평생 제품을 쏟아 낼 수 있으려면 자신의 천재적인 재능을 깨달아야 합니다. 깨달으면 크게 성공합니다.

좋은 제품을 하나 만들었다고 만족하면 안 됩니다. 책 한 권 써냈다고 해서 만족하지 말고 계속해서 제품을 만들어야 합니다. 사람들의 의식 수준은 높아지고 다른 환경들도 계속 변합니다. 비슷한 제품을 생산해 내는 경쟁사들도 생깁니다. 고객들이 원하는 것을 얻게 하기 위한 제품을 계속해서 쏟아 내야 합니다.

내가 만나 본 성공한 사업가들은 다들 작게 시작했습니다. 처음부터 크게 시작한 사람들은 극소수였습니다. 1인창업으로 시작해서 세계적인 기업을 세웠습니다.

그들은 사업을 운영하면서 하고 싶은 일을 다 했습니다. 금방 문을 닫은 사업도 있지만 그들은 자신이 진짜 원하는 일을 하며 큰 성공의 문을 열었습니다.

사업은 발전해 나가는 것입니다. 처음부터 발전된 사업은 없습니다. 자신 안에 있는 천재적인 재능을 계발해 나가면 됩니다. 자기계발하며 발전하는 사람은 크게 성공합니다. 발전하는 기업은 세계적인 기업이 됩니다.

경쟁하는 기업은 경쟁 때문에 쓰러집니다. 돈 때문에 고민하는 기업은 돈 때문에 쓰러집니다. 큰 꿈을 꾸고 세계를 향해 나가는 기업은 세계를 향해 나가고 맙니다.

나는 사람들의 재능을 깨닫게 하는 재능이 있다

나는 내가 원하는 사업을 내가 만들면서 내 재능을 깨달았습니다. 책을 써내면서 재능을 깨닫고 계발했습니다.

내 재능은 사람들의 재능을 끄집어내어 창업아이템을 깨닫게 하는 것입니다. 나는 이 사실을 깨닫고 정말 큰 충격을 받았습니다. 나는 내 창업아이템을 찾고 싶다는 생각만 했습니다. 그런데 놀랍게도 다른 사람의 창업아이템을 깨닫게 하고 있었습니다.

'나는 그런 일을 못해, 내가 어떻게 그런 일을 해?'라고 생각하며 내 재능을 거부했습니다. '아니라고 아니야'라고 나 스스로 부정했습니다. 진짜 내 재능을 모른 척하며 남의 떡만 봤습니다.

나는 내 재능을 깨닫고 난 후 다른 어떤 일도 할 수 없었습니다. 내가 진짜 원하는 것은 수많은 사람들의 창업을 도와주는 것이었습니다. 인생의 행복과 성공에 대한 책과 강연, 코칭으로 그들을 돕고 책임지는 일을 해야만 했습니다.

처음에는 '내가 평생 이 일을 할 수 있나?'라고 생각했습니다. 그런데 '정말 평생 이 일을 할 수 있다면?'이라고 생각하자 황홀했습니다. 행복이 물밀 듯이 밀려왔습니다. 지금 나는 행복하게 이 일을 하고 있습니다.

나는 수많은 시간과 비용을 투자해서 스펙의 길을 가는 사람들을 도울 것입니다. 스펙의 끝은 은퇴입니다. 한 달에 천만 원의 월급을 받으려면 어떻게 해야 할까요? 은퇴 전에 받을 수 있을 것입니다. 그럼 은퇴할 때까지 직장에서 고생해야 합니다.

나는 직장을 그만두기 전에 사장과 협상했습니다.

"월급 천만 원을 주십시오."

사장은 귀까지 빨개지며 내게 이렇게 말했습니다.

"월급 천만 원을 받으려면 어떻게 해야 할까?"

직장에서 월급 천만 원을 받을 수 있는 재능이 있다면 자신의 사업을 하는 것이 백배, 천배 낫습니다. 자신의 사업에서는 그보다 더 많은 수입을 낼 수 있기 때문입니다.

직장에서 연봉 협상으로 스트레스를 받지 말고 자신의 재능으로 하루에도 1억, 10억을 벌 수 있는 사업을 해야 하지 않겠습니까? 그렇지 않고 직장에서 계속 머문다면 자신이 진짜 원하는 일을 하지 못하고 동료와 상사의 비위를 맞춰 가며 스트레스를 받는 인생을 살 것입니다.

나도 내 재능을 깨닫지 못했더라면 스트레스 인생을 살고 있었을 것입니다. 아, 생각만 해도 끔찍합니다. 직장에서 나와 창업해야 합니다. 시작하기 좋은 때는 바로 지금입니다. 지금 당장 당신의 사업을 시작하십시오.

천재적인 재능을 깨닫게 하는 천재코치를 만나라

나도 창업하기 전에 많은 고민을 했습니다. 내가 좋아하고 원하는 평생 직업을 찾기 위해 많은 노력을 했습니다. 나를 세계적인 리더로 세워 줄 곳을 찾기 위해 애썼습니다.

내가 찾아본 수많은 곳에서는 아이템만 이야기했습니다. 나는 내 재능을 깨달아 그것으로 사업을 할 수 있는 곳을 원했습니다. 그래서 내가 원하는 사업을 내가 만들었습니다.

'사람들이 진짜 원하는 인생이 무엇인지 깨닫고 그 인생을 살 수 있는 방법을 알려줘야겠다.'

'꿈을 이루는 방법을 알려줘야겠다.'

'세계적인 사업을 하는 방법을 알려줘야겠다.'

나는 내 꿈을 이뤘습니다. 나를 찾아온 고객들은 자신이 진짜 원하는 일을 하게 됩니다. 자신의 재능을 깨닫고 계발하여 제품으로 쏟아 내고 있습니다.

아무리 좋은 창업아이템도 자신이 진짜 하고 싶은 일이 아니면 잘할 수 없으며 평생 행복할 수 없습니다. 10년을 버틴다고 해도 그 다음에는 또 다른 창업을 해야 합니다. 평생 자신이 원하는 사업을 찾아다닐 수밖에 없습니다.

나는 내 고객의 천재적인 재능을 깨닫게 합니다. 그들 스스로

가 움직입니다. 그들 스스로 책을 써내고 있습니다. 책을 한권만 써내는 것이 아니라 다음 책의 방향도 첫 책을 통해 깨닫게 됩니다. 천재적인 코칭을 받으면 평생 100권 이상의 책을 마음껏 써내게 됩니다. 평생 행복한 일을 하게 되는 것입니다.

자신이 원하는 사업 분야에서 책을 몇 권씩 써낼 수 있게 됩니다. 그럼 어떤 일이 일어나겠습니까? 크게 성공하게 됩니다. 당신도 천재적인 재능을 깨닫기 위해 천재코치를 만나십시오.

재능도 책처럼 짜깁기하는 코치를 만나지 말고 당신만의 천재적인 재능을 깨달아 평생 행복한 일만 하며 살게 해주는 천재코치를 만나십시오. 인생은 당신이 하고 싶은 것만 하며 살아도 됩니다. 당신도 그럴 만한 자격이 충분히 있습니다.

성공의 끝은 작가, 강연가, 사업가다

성공의 끝은 책을 써내는 것입니다.
성공의 끝은 강연을 하는 것입니다.
성공의 끝은 사업을 하는 것입니다.
나는 성공하기 위해 처음부터 끝에서 시작했습니다.
나는 성공하기 위해 책부터 써냈습니다.
나는 성공하기 위해 강연부터 했습니다.

나는 성공하기 위해 창업부터 했습니다.

나는 성공하기 위해 벤츠부터 탔습니다.

나는 끝에서부터 시작해서 원하는 것을 다 얻었습니다. 내가 열심히 해서 성공한 다음 하고 싶었던 것을 처음부터 했습니다. 이것이 천재적인 지혜입니다.

"그렇게 하면 망하지 않나요?"

절대 망하지 않습니다. 더 크게 성공합니다. 책을 써내면 전국과 세계에서 고객이 나를 만나러 옵니다. 강연부터 하면 전문가로 인정받고 내 책을 사고 내 코칭에 등록합니다. 사업부터 하면 한 달 동안 벌 돈을 하루 만에도 벌게 됩니다. 벤츠부터 타면 벤츠에 걸맞은 억대수입을 올리게 됩니다.

큰 꿈을 가지고 성공하는 지혜를 배우십시오. 한두 푼 아끼려고 자신의 인생을 내버려두지 마십시오. 인생은 선택대로 됩니다. 지금까지 당신이 선택한 것처럼 말입니다.

세계적인 기업을 세우겠다는 큰 꿈을 가지고 시작하라

세계적인 기업은 좋아하는 일로 사업을 시작했습니다. 세계를 이끌어 갈 큰 생각으로 크게 저질렀습니다. 그들도 처음에는 '내가 잘할 수 있을까?'라는 생각이 들었지만 포기하지 않고 재능을 계발해서 세계적인 기업이 되었습니다.

나도 그들처럼 내가 좋아하고 잘하는 일만 하면서 사업을 하고 있습니다. 나도 처음에는 '정말 될까?'라고 생각하고 시작했지만 한 달 만에 제품을 만들어 냈고 고액수입도 올렸습니다. 직장에서 벌 수 있는 돈의 몇 배를 벌었습니다. 제품을 만들어 수입을 내고 나서 깨달았습니다.

책을 써내고 많은 것들이 변했습니다. 나는 1인창업을 한 후 내가 필요한 제품을 많이 만들어 냈습니다. 1인창업학교, 책쓰기학교, 강연학교, 공동저자, 퍼스널브랜딩, 열정특강, 열정강연CD, 열정30권플랜이라는 제품이 만들어졌습니다. 모두 내가 필요해서 만든 제품입니다. 내가 읽고 듣고 깨달음을 얻습니다.

1인창업특강, 책마케팅특강, 창업아이템특강이라는 강연도 제품으로 만들어 냈습니다. 내 고객들은 특강이라는 제품을 삽니다. 나를 직접 만나 내 목소리로 강연을 듣고 싶어 합니다.

나도 내 강연을 녹화해서 다시 봅니다. 내 강연을 듣고 책을 써내고 제품을 또 쏟아 냅니다. 내 강연에는 천재적인 깨달음이 풍성하기 때문에 내가 더 많이 들으면서 깨닫고 있습니다.

나는 내 재능을 제품으로 만들어 세계적인 기업이 되고 있습니다. 나는 세계적인 꿈을 꾸고 세계로 나갑니다. 내 삶과 깨달음으로 큰 꿈을 꾸고 행복한 인생을 살고 있습니다. 당신도 사업을 하기로 결단했다면 나처럼 세계적인 꿈을 꾸고 세계로 나아가십시오. 큰 꿈이 세계적인 인물을 세웁니다.

세계적인 리더는 재능을 말과 글로 표현하는 마케팅을 한다

나는 마케팅을 '재능을 말과 글로 표현하는 것'이라고 말합니다. 제품을 말과 글로 다 표현할 수 있어야 합니다. 사업은 홍보가 중요합니다. 홍보는 자신의 제품을 말과 글로 표현하는 것을 말합니다. 내 제품은 모두 말과 글로 표현되어져 있습니다.

첫째, 내 재능을 글로 표현하는 책을 써냈습니다.

둘째, 내 재능을 말로 표현하는 강연과 특강을 열었습니다.

셋째, 내 재능을 영상으로 표현하는 특강CD와 오디오북을 만들었습니다.

넷째, 내 재능을 일대일로 코칭하는 코칭과정을 열었습니다.

재능을 표현할 수 있는 방식은 여러 가지가 있습니다. 그 중에 제일은 말과 글로 하는 것입니다.

리더는 말과 글로 일합니다. 말과 글로 정확하고 탁월하게 표현해야만 다른 제품으로도 만들어질 수 있습니다. 말과 글로 표현하지 못하면 아직 자신의 재능을 깨닫지 못한 것입니다.

나는 고객에게 말과 글로 먼저 표현하게 합니다. 정확하게 표현할 때 천재적인 제품을 만들어 낼 수 있습니다. 자신의 재능을 눈에 보이는 형태로 만들어 낼 줄 아는 천재작가, 천재강연가, 천재사업가는 크게 성공합니다. 말과 글로 일하는 사업가는 세계적인 리더가 될 것입니다.

행복한 창업은 행복한 인생을 살게 한다

당신이 관심도 없는 분야에서 창업하면 평생 직업이 될 수 있겠습니까? 행복하겠습니까?

아무리 성공을 확신하는 분야가 있어도 당신의 재능이 아니면 성공을 했다고 해도 조금 만족할 뿐 행복하지 않을 것입니다.

나도 창업하기 전에 대박아이템을 많이 찾아 다녔습니다. 그 중에는 지금 성공한 아이템도 있습니다. 내가 그 일을 했더라면 그 사람처럼 성공했을 것입니다. 하지만 그 삶은 내가 원하는 삶이 아니었습니다. 내가 원하는 행복도 아니었습니다.

내가 성공했어도 내가 진짜 원하는 사업을 하기 위해서 끊임없이 한눈을 팔았을 것입니다. 한눈팔면 끝입니다. 한눈팔면 이도 저도 아닌 상황이 벌어집니다. 차라리 아무 것도 안하고 가만히 있는 것이 낫습니다. 한눈팔지 않으려면 자신이 진짜 원하는 일로 사업해야 합니다.

나는 창업을 행복한 인생을 살기 위한 첫 단계라고 생각합니다. 행복한 일을 할 때의 행복이 가족에게 흘러가고 자신의 주변 사람들에게 흘러갑니다. 행복한 일을 할 때 행복한 꿈이 생기고 매일 행복에 젖어 황홀한 인생을 살게 될 것입니다.

진짜 행복한 일을 하며 돈도 많이 벌고, 무엇보다 당신의 인생을 위한 창업을 하십시오. 나는 내 인생의 행복을 위해 창업하여 내가 원하는 인생을 살고 있습니다. 창업은 인생입니다. 행복한 창업으로 행복한 삶을 사십시오.

창업은 언제부터 준비해야 하나요?

나는 이런 질문을 하는 사람들에게 말합니다.

"당장 지금부터 준비해야 합니다. 사업을 시작하면 해야 할 일이 한두 가지가 아닙니다. 하루라도 빨리 시작해야 합니다. 머뭇거리면 세월을 낭비하게 됩니다. 세월은 돈으로도 살 수 없습니다. 이런 저런 생각하면서 시간을 낭비하지 말고 당신의 재능으로 꿈을 이루는 일을 하십시오. 지금 당장 크게 생각하고 저지르십시오. 그러면 원하는 것을 다 얻게 될 것입니다."

지금부터 자신의 제품을 만들어야 합니다. 처음부터 잘되지 않습니다. 재능을 깨닫고 재능을 눈에 보이는 형태로 만드는 일을 지금부터 해 나가야 합니다.

하루라도 머뭇거릴 시간이 없습니다.

당신이 직장인입니까? 그래도 지금 시작하십시오. 직장에서 창업을 준비하는 것이 가장 지혜로운 사람입니다.

당신이 자영업자입니까? 남의 물건을 떼다 팔면 얼마 남지 않습니다. 당신의 제품을 만들어야 합니다. 저렴한 제품부터 럭셔리 제품까지 만드는 방법을 배워야 합니다. 사업은 제품을 만들어 팔 때부터 진짜 시작입니다.

창업아이템을 찾기 전에 당신의 천재적인 재능부터 깨달아라

당신의 천재적인 재능부터 깨달아야 합니다.

당신이 잘하는 것과 좋아하는 것을 알아야 합니다. 당신 자신에 대해 알아야 합니다. 그 방법은 끄집어내는 것입니다. 하지만 많은 사람들이 집어넣는 방법은 알아도 생각하고 끄집어내는 방법을 모릅니다. 나도 어떻게 해야 하는지 몰랐습니다.

어느 날은 좋은 아이디어가 떠오르는데 그 다음 어떻게 해야 하는지 몰랐습니다. 그래서 나는 연구해서 알아냈습니다. 내 경험과 내가 코칭한 고객을 통해 깨달았습니다.

재능을 끄집어내는 최고의 방법은 자신의 책을 써내는 것입니다. 자신의 삶과 깨달음이 담긴 책을 써내는 것이 자신의 재능을 찾는 최고의 방법이었습니다.

책을 쓰다 보면 자신의 과거를 알게 됩니다. 과거의 어떤 재능이 있었는지 알게 됩니다. 그리고 미래에 내 모습을 그려보게 됩니다. 이것이 바로 꿈입니다.

어떤 일을 하고 어떤 가정을 이루고 싶은지 책에 써내므로 명확해집니다. 책을 써내야 꿈도 깨닫게 됩니다. 꿈을 깨닫기 위해 많은 사람들이 다양한 검사를 받습니다.

어떤 성격유형 검사를 해도 잘 알 수 없습니다. 대충은 알 수 있어도 마음이 시원하지 않습니다. 나도 그런 검사를 받아 본 적이 있습니다. 검사를 받을수록 나를 알 수 없어서 더 답답했습니다. 나중에는 화까지 났습니다.

"내 성격유형은 알겠는데 그걸 통해 어떤 사업을 하면 돼?"라고 물어봐도 대답해 주는 사람은 한명도 없었습니다. 진로 상담사들도 잘 모릅니다. 나도 진로 상담을 받아 받지만 그는 오히려 내게 자신의 사업 방향에 대해 물어보기 바빴습니다.

나는 내 재능을 알아도 어떤 사업을 해야 할지 몰랐습니다.

나는 책쓰기학교를 운영하면서 재능을 깨닫는 방법을 찾았습니다. 누구나 책을 써내면 재능을 깨닫게 됩니다. 자신이 좋아하고 사랑하는 것이 무엇인지 알게 됩니다. 자신의 미래를 그려보면서 자신이 어떤 일을 해야 하는지 알게 됩니다.

다른 사람의 재능을 끄집어내고 그것으로 사업하게 하는 것이 내 재능입니다. 나는 내 재능을 끄집어내면서 재능을 찾는 방법을 깨달았습니다. 나는 사업가들의 재능을 깨닫게 해줍니다. 이것은 하나님께서 주신 천재적인 재능입니다.

재능은 계발되는 것입니다. 과거에서 멈추지 않습니다. 나는 지금도 계속 계발하고 있습니다. 앞으로 해야 할 일은 계발의 방향을 잡는 것입니다. 자신의 미래를 그려 놓고 꿈과 소원을 이룰 수 있는 자기계발을 해야 합니다. 잡다한 자기계발로는 인생이 크게 변하지 않습니다.

재능을 계발하고 발전시키는 사업은 절대 망하지 않는다

우리나라에 있는 천 개의 사업은 한정적입니다. 아직 만들어 내지 못한 창업아이템이 너무나 많습니다. 내가 새로운 창업아이템을 만들고 있으며 당신도 당신만의 창조적인 분야를 만들어야 합니다. 그러면 크게 성공합니다.

다른 사람의 창업아이템이 너무나 하고 싶으면 해도 됩니다. 하지만 평생 할 수 있을까요? 성공에 대한 미치도록 절박한 열정으로 그 일을 성공시킬 수 있을까요? 아닙니다. 아이템만 보고 시작한 사업은 금방 포기하게 됩니다.

　재능으로 시작한 창업은 어떻게든 성공하게 됩니다. 왜 그럴까요? 나는 재능을 계속 끄집어내고 있고 그것을 끊임없이 제품으로 만들기 때문입니다. 재능을 계속해서 계발하고 발전해 나가는 사업은 망하지 않습니다.

　새로운 제품이 계속해서 쏟아지는 회사는 망하지 않습니다. 새로운 고객들이 늘어나 열광적인 팬이 됩니다. 열광적인 팬들이 내 제품을 계속해서 구입하게 됩니다. 열광적인 팬은 내 제품을 계속해서 기다립니다.

천재적인 재능을 눈에 보이는 천재적인 제품으로 만들라

　기업이 제품을 만들 때 어떻게 합니까?

　먼저 계발팀이 만들어집니다. 프로젝트팀으로 운영되는 경우도 있습니다. 그때부터 제품을 만들려고 합니다. 처음부터 제품이 있어서 파는 기업은 없습니다. 다른 회사의 제품을 떼다 파는 기업을 제외하고는 모든 기업이 자신의 제품을 만듭니다.

　제품을 만드는 시간이 오래 걸릴 수도 있고 단기간에 만들어질 수도 있습니다. 아무리 천재적인 재능이 있어도 눈에 보이는 제품으로 만들기까지 시간이 걸립니다.

나는 가장 먼저 내 재능을 글로 표현하는 제품인 책을 써냈습니다. 나는 책을 많이 읽은 사람도 아니었습니다. 그런데 책을 2주 만에 다 썼고 한 달 동안 퇴고하여 책을 출간했습니다. 책을 쓰는 천재적인 방법만 알면 됩니다.

내게 천재적인 책쓰기 코칭을 받은 작가들은 한 달 만에 280쪽 초고를 써냈습니다. 자신의 첫 번째 작품을 단기간에 완성한다는 것은 정말 대단한 일입니다.

당신도 가능합니다. 혼자서 못하면 배우면 됩니다. 전문가를 만나면 속전속결로 창업하게 되고 책도 써내게 되고 강연도 하게 됩니다. 나도 제품을 하나씩 만들다 보니 깨달았습니다.

제품을 성공시키려면 성공 방법을 활용하든지 아니면 내가 성공의 길을 만들든지 해야 했습니다. 제품을 만들기 전에 고민만 하면 아무 결과도 없습니다. 사업은 결과입니다. 고민하면 사업도 못하고 밤새 고민만 하다 끝납니다.

작가, 강연가, 사업가가 되고자 하는 사람들이 나를 찾아옵니다. 내가 그런 글과 말만 하고 그렇게 제품을 만들고 마케팅을 하기 때문입니다.

나는 생각나는 아이디어를 무조건 제품으로 만듭니다. 하나를 만들다 보면 다른 아이디어가 튀어나옵니다. 그렇게 하나씩 만들면 됩니다. 만들다 보면 백배, 천배로 발전하게 됩니다.

연습은 그만하고 지금부터 제품을 만들어 팔기 시작해야 합니다. 수많은 창업자들은 제품을 잠깐 만들다가 포기합니다. 그렇게 창업을 끝냅니다. 나도 처음에는 그랬습니다.

아이디어를 머릿속에만 그려 놓고 만들지 않았습니다. 결과가 없으니 실력이 늘지 않았습니다. 그렇게 하면 자신감도 떨어집니다. 제품을 만들어 팔면 그때부터 사업가가 됩니다. 제품을 많이 만들어 놔야 팔 수 있는 제품이 많아지는 것입니다. 나는 제품 곳간을 만들어 제품을 가득 쌓아 놨습니다.

제품을 고객에게 팔리게 만들어야 합니다. 고객이 가치를 느끼게 만들어야 합니다. 럭셔리 제품을 만드는 방법을 배우면 쉽고 재미있게 제품을 쏟아 내게 됩니다.

한 가지 제품을 만들면 그 제품을 만드는 동안 다른 제품에 대한 아이디어가 터져 나옵니다. 그럼 다음 제품도 쉽게 만들어 집니다. 시작하기만 하면 그 다음은 쉽고 재밌습니다.

제품을 만들다 보면 모든 제품이 메인이 됩니다. 그만큼 자신이 있어지고 가치를 깨닫게 됩니다. 나는 모든 제품을 메인 제품으로 만들고 있습니다.

사업의 자신감이 붙으려면 완제품으로 만들어야 합니다. 나는 책을 쓸 때도 책이 바로 출판될 수 있을 때까지 완성합니다. 1차 시안이 완성품과 비슷한 수준입니다. 그리고 럭셔리하게 다듬어 가치를 럭셔리하게 높입니다.

처음에는 제품을 만드는 게 쉽지 않았습니다. 정말 배우고 싶었습니다. 그래서 내가 1인창업학교를 만들었습니다.

나는 내 재능을 활용하여 여러 가지 방식으로 제품을 만들고 있습니다. 책도 만들고 강연도 열고 코칭도 하고 디자인도 하고 오디오북CD와 동영상CD도 만듭니다.

내가 원하던 코칭과정을 내가 열었습니다. 당신도 천재적인 제품을 만들고 싶다면 코칭 과정에 등록하면 됩니다. 단기간에 천재적인 제품을 만들어 천재적으로 홍보하고 천재적으로 장사하면 크게 성공합니다.

재능을 천재적인 제품으로 만드는 방법을 배워라

사업은 순수입이 많이 남아야 합니다. 사업이 계속해서 진행되려면 수입이 있어야 합니다. 돈을 벌지 못하면 사업 진행이 안 됩니다. 그러면 문을 닫고 직원을 내쫓아야 합니다.

사업은 제품이 있어야 합니다. 제품이 없는 사업은 사업이 아닙니다. 제품이 없으면 사업을 진행할 수 없습니다.

제품의 종류는 두 가지입니다. 눈에 보이는 제품과 눈에 보이지 않는 제품이 있습니다.

눈에 보이지 않는 제품은 눈에 보이는 제품으로 만들어야 합니다. 눈에 보이는 것으로 만들어야 크게 성공하는 사업이 됩니다. 눈에 보이는 제품이 있어야 고객이 제품을 구입할 수 있기 때문입니다. 고객은 눈에 보이는 결과를 삽니다.

나는 10년 동안 계발한 재능이 있었습니다. 10년 동안 알지 못했습니다. 나도 모르게 저절로 계발되고 있었습니다. 나는 그 재능으로 제품을 만들었습니다. 내 제품은 모두 내가 만듭니다.

책도 내가 쓰고 내가 편집합니다. 책 디자인도 내가 다 합니다. 내가 모든 작업을 하고 인쇄를 맡깁니다. 인쇄소에서는 내가 준 파일로 인쇄만 합니다.

나는 내 강연을 내가 촬영하고 내가 편집합니다. 내가 원하는 동영상으로 만들고 내가 원하는 형태로 만들어서 팝니다. 제품을 만드는 것은 너무나 쉽습니다. 누구나 할 수 있습니다. 하지만 그 안에 어떤 내용을 담는지가 중요합니다.

나는 내 삶과 깨달음을 담습니다. 나만이 가지고 있는 1인창업의 천재적인 지혜와 깨달음을 담아 놓습니다. 1인창업을 하고 싶다면 내가 쓴 책과 제품을 사서 읽으면 됩니다.

창업자는 배워야 합니다. 제품을 어떻게 만들고 어떻게 홍보해야 하는지 배워야 합니다. 직장에 가기 위한 스펙을 쌓을 때도 배워야 합니다. 직장에 들어가면 쌓아 놓은 스펙을 활용하지 못하고 다시 직장에서의 일을 배우게 됩니다.

수많은 사람들이 다른 건 다 배워도 사업하는 것은 배우지 않으려고 합니다. 그래서 사업에서 성공하는 사람들보다 직장에 들어가는 사람들이 많은 것입니다.

크게 성공하는 비결은 배우는 것입니다. 이것이 나 장열정이 말하는 자기계발입니다. 스펙을 쌓는 자기계발이 아닌 사업을 하는 자기계발을 해야 합니다.

저절로 계발된 재능으로 사업을 할 수 있는 방법을 배우십시오. 자신이 좋아하고 잘하는 재능으로 제품을 만들어 파는 방법을 배우십시오. 사업도 배워야 합니다.

끝에서부터 시작하라. 책부터 써내는 것이 성공의 비결이다

나는 성공한 사람들의 성공비결을 연구했습니다. 그 비결을 알면 나도 성공할 것이라는 믿음이 있었습니다. 내 믿음대로 됐습니다. 성공의 비결은 끝에서부터 시작하는 것입니다.

인생의 마지막에서 하고 싶은 일을 지금 하면 됩니다.

수많은 직장인들이 은퇴 후에 은퇴 자금으로 창업하려고 합니다. 아닙니다. 지금부터 사업을 시작하면 은퇴하지 않고 평생 행복하게 일하게 되고 크게 성공하게 됩니다.

성공한 사람들은 책이 있습니다. 그들은 성공의 끝에서 책을 써냈습니다. 나는 반대로 했습니다. 나는 시작부터 책을 써내 성공했습니다. 이것이 천재적인 지혜입니다.

그럼 당신도 지금 당장 책을 써내면 성공하지 않겠습니까? 당신의 이름과 얼굴이 박힌 책이 있다면 단기간에 크게 성공합니다. 수많은 사람들이 당신을 전문가로 인정할 것입니다. 책을 읽은 사람들이 당신을 찾아와 도움을 요청할 것입니다. 당신의 가치만큼 인정받고 그들을 끝까지 도와주면 됩니다.

고객이 원하는 제품을 만들어 팔면 됩니다. 정말 간단하지 않습니까? 사업은 정말 간단합니다. 고객이 원하는 것을 만들어 럭셔리하게 팔면 됩니다.

고객이 원하는 것을 어떻게 할 수 있을까요?

내 첫 번째 고객은 바로 '나'입니다. 나는 내가 필요한 제품을 만듭니다. 내 첫 책 '1인창업으로 억만장자가 되라'는 1인창업의 길을 알려주는 책입니다. 나는 이 책을 내가 필요해서 썼습니다.

내 두 번째 책 '장열정의 1인창업비결'이라는 책은 지금도 매일 읽고 있습니다. 이 책에 내가 원하는 깨달음을 다 담아 놨습니다. 나는 이 책을 읽고 책을 쓰고 강연을 하고 고객과 상담하고 코칭하며 억대수입을 올리고 있습니다.

당신도 성공의 끝인 책부터 써내십시오. 책부터 써내면 당신이 원하는 꿈이 이뤄집니다.

사업을 시작하지 못하는 사람들의 공통점

나는 사업을 시작하지 못하는 사람들을 많이 만났습니다. 그들은 배우려고 하지도 않고 자신의 재능도 인정하지 않았습니다. 그들은 쉬운 길만 가려고 합니다. 그래서 자신이 원하는 결과를 얻지 못하게 되는 것입니다.

성공한 사람들이 닦아 놓은 성공의 길을 따라가는 것이 더 쉬운 길입니다. 그 방법은 활용입니다. 첫 번째 시작은 활용에서 시작됩니다. 제품을 만드는 방법을 배워 재능을 끄집어 내다보면 독창적인 아이디어가 나옵니다. 하나의 제품을 만들어 보면 다른 제품도 금방 만들어집니다.

그러기 위해서는 자신의 인생을 돌아봐야 합니다. 스펙이 좋은 직장인들이 많습니다. 대부분 수동적입니다. 사업가는 능동적입니다. 주도적입니다. 자기 인생을 경영합니다. 가고 싶은 곳에 가고 자신이 하고 싶은 일을 합니다.

자신의 삶을 이끌어 갈 생각을 하지 못하게 만드는 곳이 직장입니다. 직장에서는 평생직장에서 일하게 만듭니다. 그런데 중간에 나가라고 합니다. 요즘은 은퇴 시기가 앞당겨지고 있습니다. 은퇴한 후에 어떤 창업이라도 해야 합니다.

사람은 꿈과 소원이 있습니다. 은퇴 후에 연금만으로 살 수 있겠습니까? 그럴 수 없습니다. 임대 사업을 하는 사람도 꿈과 소원이 있기 때문에 일합니다. 돈 많은 사람들은 아무 일도 안합니까? 아닙니다. 꿈과 소원을 이루기 위해 움직입니다. 더 크게 생각하고 더 크게 저지릅니다.

직장을 그만두고 싶은데 그만두지 못하는 사람들이 많습니다. 직장을 빨리 그만두는 방법은 책을 써내는 것입니다. 그때부터 시작입니다. 사업가는 제품을 만들어서 돈을 벌어 봐야 합니다. 그 첫 번째 시작은 책을 써내는 것입니다.

책이 재능을 깨닫고 전문가로 퍼스널브랜딩 해주고 고객을 데려옵니다. 책을 써내다 보면 제품이 저절로 만들어집니다. 코칭도 할 수 있습니다. 그것을 고객에게 팔면 됩니다.

시작하지 않으면 더 어렵습니다. 나도 시작하지 않아서 더 고민됐습니다. 계속 기웃거렸습니다. 세월만 낭비했습니다. 내가 누구보다 잘 압니다. 지금 시작하면 억만 번이나 행복해집니다.

자신의 가치를 스스로 높여 사업을 시작하라

나는 수많은 창업자를 만났습니다. 그들에게는 엄청난 재능과 아이디어가 있었습니다. 하지만 대부분 사업을 못한다고 생각합니다. 창업으로 성공하려면 생각부터 바꿔야 합니다.

그들은 자신의 스펙만 돌아봅니다. 그래서 스펙만 쌓으려고 합니다. 누군가를 코치할 충분한 실력이 있음에도 누군가를 세운다고 생각하지 않습니다.

생각을 크게 해야 합니다. 생각을 백배로 크게 하면 쉽습니다. 만약 자신이 프로그램을 만드는 개발자라면 자신의 프로그램을 제품으로 만들어서 팔기도 하고 프로그래머를 양성하는 교육 사업도 하면 됩니다. 한 가지만 하려고 하지 마십시오.

프로그램에 대한 아이디어를 파는 사업도 할 수 있습니다. 그리고 프로그래머를 창업하게 하는 창업 코칭도 할 수 있습니다. 생각을 크게 하면 길이 보입니다. 멀리 내다보면 더 많은 분야에서 더 많은 일을 할 수 있습니다.

자신의 가치를 깨달으면 저절로 창업하게 됩니다. 자신의 가치만큼 인정받고 싶기 때문입니다. 가치를 깨닫는 방법은 자신을 인정해 주고 존경해 주는 고객을 만나는 것입니다. 그런 위치에 있어야 자신의 가치를 깨닫게 됩니다.

당신의 가치는 스스로 높이는 것입니다. 창업을 하고 사업가의 위치에 있으십시오. 책을 써내고 강연을 하는 작가와 강연가의 위치에 있으십시오.

인생은 생각대로 꿈대로 믿음대로 된다는 열정마인드를 가져라

인생은 생각대로 됩니다. 그럼 어떤 생각을 가져야 합니까? 나는 꿈을 이루기 위해 열정적으로 삽니다. 행복하기 위해 열정적으로 삽니다.

나는 하나님을 믿는 사람입니다. 나는 내가 원하는 것을 하나님께 구합니다. 그리고 다 받았다고 믿습니다. 성경에 써진 대로 하고 있습니다. '예수 이름으로 구한 것은 다 받은 줄로 믿어라'라고 했습니다. 내 믿음대로 다 받았습니다.

나는 1인창업연구소를 설립할 때 성공 믿음이 있었습니다. 무조건 성공한다고 믿었습니다. 세계적인 기업가 중에는 자신이 손만 대면 다 성공한다고 믿는 사람들이 있습니다. 이것이 바로 성공 믿음입니다. 그들은 실제로 그렇게 성공했습니다.

'망하면 어떡해, 안정적이지 않으면 어떡해'라고 생각하면 아무 것도 할 수 없습니다. 믿음이 없이는 큰일을 할 수 없습니다.

안정적인 생활만 원한다면 사업을 할 수 없습니다. 사업가는 안정적이지 않고 부요합니다. 안정된 삶은 월급을 받는 삶입니다. 하지만 직장에서 나와 크게 성공하고 싶다는 꿈이 있다면 사업을 해야 합니다. 사업가가 크게 성공합니다.

안정마인드보다 부요마인드가 있어야 합니다. 하루에 1억,

10억을 벌 수 있다는 생각을 해야 성공합니다. 당신의 인생은 당신의 말과 행동으로 이루어져 왔고, 또 그렇게 이루어질 것입니다.

지금부터 어떻게 말하고 행동하느냐에 따라 인생이 달라집니다. 인생은 선택입니다. 어떤 마인드를 가질 것인지 선택해야 합니다. 나는 내가 앞으로 이루고 싶은 것을 하나님께 구하고, 이미 다 받았다고 믿습니다. 그리고 그에 걸맞게 성공하는 일을 합니다.

내게 행복은 나, 가정, 이웃입니다. 나는 내가 먼저 행복한 일 합니다. 이로 인해 가족도 행복합니다. 나는 이웃을 돕고 있습니다. 창업, 책쓰기, 강연의 천재적인 비결을 알려주고 있습니다. 당신은 어떤 가치에 행복을 느낍니까?

당신도 돈, 건강, 행복을 위해 살 것입니다. 나는 하나님을 전하는 사람이기 때문에 하나님을 전하며 살아야 합니다.

나는 어떤 어려움이 와도 절대 두려워하지 않습니다. 직장인일 때는 대출하는 것이 두려웠고 빚을 지는 것이 두려웠습니다. 사업을 해보니 대출은 또 다른 기회였고 돈이 돈을 벌어 오게 하는 최고의 수단이었습니다.

직장에 다니면서 '병 걸리면 어떡해, 사고 나면 어떡해.'라고 하며 불안에 떨며 살았습니다. 사업을 하고나서 그 두려움이 없어졌습니다. 그 두려움과 불안은 내가 다스리면 그만이었습니다. 돈이 없으면 돈을 더 벌면 됩니다. 제품을 더 많이 만들면 됩니다.

걱정하지 말고 움직여서 문제를 해결하면 됩니다. 앞으로 그런 일이 일어나지 않도록 관리하면 됩니다. 사업가 마인드가 생기고 비로소 깨달았습니다.

어떠한 사람이 와도, 와서 비난해도 두렵지 않습니다. 그런 사람도 없을뿐더러, 내 코칭을 받은 고객들은 인생이 완전히 뒤집어지기 때문에 그렇게 할 일도 없습니다. 아, 억만 번이나 행복합니다.

창업은 인생과 같습니다. 창업은 새로운 인생의 시작이 됩니다. 창업으로 큰 꿈을 꾸고, 부요와 행복을 위해 큰 마인드를 갖는 사람들은 크게 성공합니다.

부자와 가난한 사람이 있습니다. 그들에게 백만 원의 문제가 생겼습니다. 가난한 사람들은 백만 원 때문에 '집에서 쫓겨나면 어떡해, 집 없어지면 어떡해'라고 생각합니다. 하지만 부요한 사람들은 '백만 원을 굴려서 천만 원, 1억 원을 벌면 되지'라고 생각합니다. 그러면 행동이 달라집니다.

인생은 생각대로 꿈대로 믿음대로 됩니다. 지금부터 시작하면 됩니다. 절박한 마음으로 시작하십시오. 나중에 하지 말고 지금부터 해야 합니다. 생각해 낸 아이디어를 하루 빨리 구현하십시오. 창업 시기를 앞당기십시오. 열정적으로 사는 열정마인드를 가지고 크게 성공하는 세계적인 리더가 되십시오.

천재적인 지혜를 배워 천재적으로 장사하라

내가 말하는 지혜는 네 가지입니다.

첫째, 생각하고 깨달아 원하는 것을 얻게 되는 능력
둘째, 지식과 능력을 활용하여 자신의 것으로 만드는 능력
셋째, 자신의 재능을 제품으로 표현하는 능력
넷째, 고객이 원하는 것을 알고 설득하는 능력

나는 이것을 깨닫고, 지혜롭게 사업을 하며 지혜로운 인생을 살고 있습니다. 천재적인 지혜로 장사하면 원하는 것을 얻을 수 있습니다. 크게 성공하게 됩니다.

사업가에게 필요한 재능은 천재적인 지혜다

당신은 지혜롭습니까?
나는 지혜롭습니다. 지혜는 어떤 것을 활용하는 능력을 말합

니다. 나는 활용을 참 잘합니다. 내가 필요한 것이 어디 있는지 정확히 알고 그것을 얻기 위해 노력합니다. 그것을 활용하여 내 것으로 만들고 그것으로 사업을 합니다.

지혜는 유익합니다. 지혜를 사모하는 자에게는 성령님께서 지혜를 주십니다. 천재적인 사업가는 이렇게 해야 합니다.

첫째, 자신이 원하는 것을 정확히 알아야 한다.
둘째, 원하는 것이 어디 있는지 정확히 알아야 한다.
셋째, 그것을 얻기 위해 무엇을 해야 하는지 정확히 알아야 한다.
넷째, 큰 믿음으로 크게 생각하고 크게 저질러야 한다.

나는 내가 원하는 것을 알고 얻기 위해 많은 노력을 했습니다. 내가 만난 수많은 사람들이 자신이 원하는 것을 알지 못했습니다. 나는 그들에게 물어봅니다.

"당신의 꿈은 무엇입니까?"

"제 꿈은 평범합니다. 사실 아직 잘 모르겠습니다. 제가 원하는 것이 무엇인지 몰라 답답할 뿐입니다."

수많은 사람들이 이렇게 자신이 원하는 것도 모르고 살아갑니다. 그래서 답답하고 앞길이 막막합니다. 자신이 원하는 것을 알지도 못하니 얻을 수도 없는 것입니다.

나는 내가 원하는 것을 정확히 알았습니다. 그리고 그것을 얻기 위해 어디로 가야하며 누구를 만나야 하는지 알았습니다. 그리고 그것을 얻기 위해 크게 생각하고 크게 저질렀습니다.

나는 그렇게 해서 1인창업을 했습니다. 책을 써내고 강연도 하고 있습니다. 벤츠를 타고 다닙니다. 집도 샀습니다. 그리고 큰 꿈을 꾸고 내가 원하는 것을 얻기 위해 지금도 크게 생각하고 크게 저지르고 있습니다.

내가 말하는 첫 번째 지혜는 원하는 것을 정확하게 아는 것입니다. 당신이 원하는 것은 무엇입니까? 건강입니까? 부요입니까? 마음의 평안입니까? 목마름을 채우기 위함입니까?

자신이 필요한 것이 무엇인지 알아야 합니다. 바로 그것이 창업아이템이 될 것입니다. 그것을 깨닫기만 하면 큰 꿈이 생깁니다. 자신이 원하는 것을 알았을 때, 사업을 진행할 수 있습니다.

그러면 창업아이템을 쫓아다니지 않고 자신이 원하는 사업을 하게 됩니다. 수많은 창업자들이 자신이 원하는 것을 알기 위해 이리저리 돌아다니며 창업아이템만 좇고 있습니다. 그들은 자신이 원하는 것을 누군가 내놓기 전까지는 찾을 수 없습니다.

누군가 아이디어를 내놓을 때까지 세월을 낭비하는 것보다 자신이 그것을 깨닫는 것이 지혜로운 선택입니다. 당신이 깨달으십시오. 당신의 인생을 돌아보며 무엇을 위해 살았고, 무엇을 위해 살아갈 것인지 깨달으십시오.

지혜는 활용하는 능력이다

나는 내가 원하는 것을 정확히 알고 그것을 얻기 위한 원리를 정립했습니다. 그것이 바로 장열정의 천재적인 1인창업원리입니다. 나는 내가 원하는 사업을 하길 원했습니다. 누군가에게 휘둘리거나 영향을 받는 사업이 아닌 내가 원하는 사업을 하기 위해 애썼습니다.

내가 그렇게 살기 원한다는 것을 깨달았을 때 비로소 내 창업 아이템이 태어났습니다. 바로 1인창업이었습니다. 나는 내가 원하는 것을 깨닫고 그것을 활용하여 사업을 시작했습니다. 당신도 나처럼 하면 됩니다.

당신이 원하는 것이 무엇인지 깨닫고 그것을 할 수 있는 천재적인 원리를 정립하면 됩니다. 천재적인 원리라고 해서 어려운 것이 아닙니다. 당신이 그것을 얻게 되는 과정을 원리로 만들면 됩니다. 정말 쉽지 않습니까? 1인창업은 너무나 쉽고 재미있습니다.

사업가는 지혜로운 사람이다

사업가는 지혜로운 사람입니다. 지혜는 활용하는 것을 말합니다. 내가 원하는 것이 어디 있는지 정확히 알고, 그것을 얻어 냅니다. 원하는 것을 얻게 하는 것이 '지혜'입니다.

사업을 하는 것이 더 빠를까요? 고학력자가 되는 것이 더 빠를까요? 사업가는 고학력자를 활용합니다. 직원으로 고용하여 그의 지식을 활용합니다. 수많은 사람들은 고학력자가 되려고 합니다. 고학력자가 되려면 10년 넘게 이런저런 일을 다 해야 합니다. 그리고 결국엔 남의 회사에 고용됩니다.

하지만 사업가는 회사를 차려 고학력자에게 월급을 주고 그를 고용합니다. 창업하여 사업을 시작하면 고학력자를 바로 고용할 수 있습니다. 인생은 선택입니다.

사업가는 돈을 활용합니다. 부자들은 돈이 돈을 벌어 오게 합니다. 돈을 굴려서 더 큰 돈을 벌려고 합니다. 가난한 사람들은 반대로 합니다. 돈을 쌓아 놓고 쓰기만 합니다.

자신의 돈이 조금이라도 나가지 못하게 꽁꽁 묶어 놓고 있습니다. 꽁꽁 묶어 놓은 돈은 언젠가는 풀려 나가게 됩니다. 걷잡을 수 없이 빠져나갑니다. 물처럼 바람처럼 사라집니다.

돈이 돈을 벌어 오게 해야 합니다. 이것이 바로 부자가 되는 지혜입니다. 사업가는 과감하게 투자합니다. 투자해서 원하는 것을 얻어야 합니다. 사업가 마인드를 가지십시오. 돈을 활용해서 더 큰 돈을 거둬야 합니다. 크게 생각하고 크게 저지르십시오. 생각의 크기만큼 성공합니다.

다른 사람의 아이디어를 활용하는 것도 천재적인 재능이다

당신이 생각하고 있는 것을 다른 사람이 하고 있습니까?

그렇다면 너무나 좋은 기회입니다. 분명 당신의 사업과 그 사람의 사업은 다릅니다. 또한 당신의 재능과 그 사람의 재능도 다릅니다. 그러면 첫 시작은 비슷할지 몰라도 시간이 지나면 지날수록 사업의 방향은 달라집니다.

사업은 리더의 재능으로 하는 것입니다. 리더의 꿈을 이루기 위해서 진행됩니다. 사람마다 꿈은 다릅니다. 리더마다 크게 생각하는 수준도 다릅니다.

당신이 해야 할 것은 그 사업을 활용하는 것입니다. 당신이 잘 할 수 있는 제품을 활용하여 더 좋은 제품을 만들면 됩니다. 이것이 지혜로운 활용의 능력입니다.

그럼 똑같은 거 아니냐고요? 절대 아닙니다. 그 제품을 활용하여 새로운 제품을 만들기 시작하면 아예 다른 제품이 됩니다. 처음에는 비슷하지만 시간이 가면 갈수록 더 좋은 제품이 되고 천재적인 제품이 되는 경우가 많습니다.

처음 시작을 지혜롭게 해야 합니다. 사업을 하면서도 지혜가 필요합니다. '고지식하게 나는 나만의 길을 갈 거야'라고 해도 괜찮습니다. 천재 사업가는 어떤 것이든 지혜롭게 활용하여 범접할 수 없는 천재 제품을 고객에게 내놓습니다. 그러한 천재적인 지혜를 가진 사람들이 있습니다. 혹시 당신이 그렇습니까? 그렇다면 그 재능을 활용하여 사업을 시작하면 됩니다.

내게도 그러한 천재적 재능이 있습니다. 나는 다른 사람의 창업아이템이나 사업을 보면 내가 할 수 있는 것이 바로 떠오릅니다. 나는 내 재능을 활용하여 지혜롭게 코칭하고 있습니다.

제품은 당신의 재능을 표현하는 지혜의 결과다

'지혜'는 모든 것을 활용하여 내가 원하는 것을 얻는 능력이라고도 말합니다. 나는 내 재능을 지혜롭게 전달하는 능력이 있습니다. 나는 계속해서 천재적인 방법으로 이 재능을 계발하고 있습니다.

지금도 천재적이지만 계발하면 할수록 누구도 범접할 수 없는 천재적인 표현 능력을 가지게 됩니다.

당신도 당신의 재능을 천재적으로 표현해야 합니다. 이것이 무엇입니까? 바로 사람들이 말하는 홍보라고 합니다. 홍보의 개념은 바로 이것입니다. 자신의 재능을 깨달았을 때 천재적으로 홍보할 수 있습니다. 깨닫지 못하면 허접한 이야기를 할 뿐입니다. 제품을 지혜롭게 잘 전달해야 합니다.

고객이 원하는 것을 자신이 가지고 있다면 그것을 잘 전달하는 것도 능력입니다. 그 능력이 바로 영업입니다. 영업을 하는 사람의 대부분은 영업 능력을 계발했습니다. 천직이 아닌 사람도 많습니다. 영업을 배웠으니 영업만 하는 것입니다.

영업하는 수많은 사람들이 마음의 병을 가지고 있습니다. 남의 제품을 팔기 때문입니다. 이제 남의 제품을 파는 영업을 졸업하고 자신의 제품을 만들어 파는 천재적인 사업을 해야 합니다. 그리고 영업을 잘하는 사람들을 고용하여 사업을 하면 됩니다.

영업의 능력이 있는 사람들은 이 능력을 활용해야 합니다. 더 이상 남의 제품을 팔면서 거절당하고 고생하지 말고 자신의 제품을 팔아 억대수입을 올려야 합니다.

자신의 제품이 영업 능력이라면, 영업인을 키우던지 영업으로 할 수 있는 사업을 시작해야 합니다. 자신의 재능을 천재적으로 활용하는 지혜가 필요합니다.

지혜로운 사람은 사업을 합니다. 다른 사람에게 고용 당하지 않고 고용하는 위치에 있습니다. 남의 회사 제품을 팔지 않고 자신의 재능을 활용하여 제품을 만들고, 그 제품을 누구보다 천재적으로 팔고 있습니다.

이제 당신도 당신의 재능을 활용하여 지혜롭게 사업을 시작하십시오. 당신의 창업아이템은 당신 안에 있습니다.

그동안 쌓아 온 지식을 활용하여 지혜롭게 장사하라

당신은 지식을 많이 쌓았습니까?

나는 지금까지 쌓아 온 지식을 가지고 사업을 합니다. 나는 지식을 쌓고 바로 활용합니다.

나는 지식만 쌓는 수많은 사람들을 봤습니다. 계속해서 집어넣기만 합니다. 지식이 많은 사람들에게 지혜가 필요합니다. 지혜가 있으면 쌓아 둔 지식을 가지고 사업을 하게 됩니다.

지식을 쌓기만 하면 월급을 받아 가며 논문을 써야 합니다. 자신의 지식으로 월급을 받지 않고 사업을 하는 사람은 크게 성공하게 됩니다. 반면 아무리 지혜로워도 지식이 없으면 사업이 성공할 수 없습니다. 나는 지식도 많이 쌓고, 지식을 지혜롭게 활용하고 있습니다.

지식은 배우거나 실천을 통해 이해하게 된 것을 말합니다. 나는 수많은 통로로 지식을 쌓았습니다.

나는 태어나서 부모님께 가정교육을 받았습니다. 그 가정교육이 지금 내가 살아가는 밑바탕이 되었습니다. 그리고 부모님께서 보내 주신 학교에서 교육을 받았습니다. 유치원, 초등학교, 중학교, 고등학교, 대학까지 17년 넘게 지식을 쌓았습니다.

그런데 여기서 쌓은 지식으로는 직장에 들어가기도 힘들었습니다. 학교교육에서 받은 지식이 지금 생활하는데 얼마나 쓰이고 있을까요? 대부분의 지식은 사회생활을 하면서 배운 것입니다.

학교에서는 사회생활을 교육하지 않습니다. 잡다한 지식을 막 집어넣습니다. 나는 학교에서 공부를 잘하지 않았습니다. 그렇게 큰 관심도 없었습니다. '저걸 배워서 어디에 활용하지?'라고 생각하고 관심을 기울이지 않았습니다.

나는 내가 배우고 싶은 것만 배웠습니다. 그래도 충분했습니다. 그 지식으로 직장에 들어갔고 직장도 세 번이나 이직할 수 있었습니다. 그리고 창업을 준비했습니다.

나는 내가 배우고 싶은 것만 배웠을 때 엄청난 재능이 튀어 나왔습니다. 내가 깜짝 놀란 적이 한두 번이 아닙니다. 나는 내가 좋아하고 잘하는 분야의 지식은 한 번도 잊은 적이 없습니다. 내 몸이 다 기억하고 있습니다. 당신도 그렇지 않습니까?

나는 당신에게 말합니다. 당신이 좋아하고 잘하는 것에 지식을 더 쌓고 그것으로 사업을 시작하십시오. 지식을 돈으로 만들어야 크게 성공합니다. 사업가는 지식을 돈으로 만듭니다.

지식만 쌓는 직장인을 졸업하고 지식을 활용하는 사업가가 되라

직장인은 스펙을 쌓으려고 합니다. 스펙은 지식을 말합니다. 얼마나 많은 지식을 가지고 있는지 증명하는 증거가 됩니다. 그렇게 많은 스펙을 쌓고 수많은 사람들이 직장에 들어갑니다.

직장에 들어가면 안정적입니다. 하지만 언젠가는 은퇴를 하게 됩니다. 그 시기가 빨리 오는 사람도 있고, 늦는 사람도 있습니다. 어쨌든 결국은 모두가 은퇴하게 됩니다.

평생직장은 없습니다. 직장에는 반드시 은퇴가 있습니다. 은퇴하면 어떤 일을 해야 합니까? 창업해야 합니다. 그래서 수많은 창업가들이 잡다한 창업아이템 때문에 빚더미에 앉게 됩니다.

자영업을 하기 위해 투자한 돈을 회수하지 못하면, 수십 년간 일해서 받은 은퇴 자금은 구경도 못하게 됩니다. 은퇴 자금은커녕 수천, 수억의 빚만 남게 됩니다.

은퇴 자금을 지혜롭게 써야 합니다. 내 꿈도 아닌 창업아이템에 빚까지 내서 투자할 필요가 없습니다. 결국 그만 두고, 자신의 꿈을 이루는 일을 하게 될 것입니다.

나는 내 꿈을 위한 투자를 했습니다. 내가 그동안 쌓은 지식을 활용하여 사업을 시작했습니다. 나는 내 지혜를 지혜롭게 팔아 억대수입을 올리고 있습니다. 지식만 팔아서는 억대수입을 올릴 수 없습니다. 지혜를 팔아야 크게 성공합니다.

지식을 지혜롭게 파는 방법을 배워야 합니다. 수많은 강사들이 존경받지만 푼돈을 받습니다. 나도 강사를 해봤습니다. 그런데 푼돈을 받고 끝났습니다. 생활비로 쓰면 금방 없어졌습니다.

강사도 사업을 해야 합니다. 자신의 지식을 지혜롭게 팔아야 합니다. 그래서 창업하는 방법을 배워야 하는 것입니다. 천재적인 제품을 만들어 천재적으로 홍보하고 천재적으로 장사하는 원리를 배우십시오. 지금 당장 1인창업학교에 등록하여 당신의 사업을 시작하십시오.

창업하면 저절로 믿음이 커진다

나는 내 믿음대로 꿈이 다 이뤄졌습니다. 내 믿음대로 성공했습니다. 나는 사업을 시작할 때부터 믿었습니다. 의심하지 않고 끝까지 믿었더니 결국 다 이루어졌고 더 큰 꿈을 꾸고 있습니다.

창업은 믿음이 있어야 합니다. 사업가에게는 믿음이 가장 위대한 자산입니다. 믿지 않고 중간에 딴 길로 새거나 포기하면 원하는 것을 이룰 수 없습니다.

자신의 꿈을 이루기 위한 길을 가고 있을 때 가져야 할 한 가지는 믿음뿐입니다. 믿음이 있으면 성공합니다. 큰 믿음이 있으면 세계로 갑니다.

나는 어려운 문제가 생겨도 믿음으로 돌파합니다. 믿음이 있으면 문제는 티끌처럼 작은 먼지와 같아집니다. 이미 해결되었다는 믿음이 있기 때문입니다.

창업가에게는 처음부터 끝까지 믿음이 필요합니다. 구하고 찾고 두드리면 다 얻게 됩니다.

창업 자금이 필요합니까? 창업 자금을 달라고 하나님께 기도하십시오. 그리고 받았다고 믿으십시오. 찾고 간절히 열망하면서 두드리면 열립니다.

창업아이템이 필요합니까? 자신의 천재적인 재능을 깨달았다고 믿으십시오. 자신의 천재적인 재능을 끄집어내는 방법을 배우십시오. 두드리면 열립니다.

열광적인 고객이 필요합니까? 마니아가 생겼다고 믿으십시오. 그리고 천재적인 마케팅 방법을 배우십시오. 간절히 열망하면서 두드리면 열립니다.

사무실과 직원이 필요합니까? 이미 가졌다고 믿으십시오. 그리고 찾으십시오. 간절히 열망하면서 두드리면 열립니다.

천재적인 창업코칭이 필요합니까? 코칭을 받았다고 믿으십시오. 그리고 찾으십시오. 간절히 열망하면서 두드리면 열립니다.

돕고 섬기는 천재적인 재능을 활용하여 창업하라

당신은 남을 돕는 재능이 탁월합니까?

그렇다면 남을 돕는 재능을 활용하여 사업을 하면 됩니다. 남을 돕는 아이템으로 창업하십시오.

돕는 재능은 다른 사람이 잘되도록 거들거나 힘을 보내는 능력을 말합니다. 또한 어려운 처지나 어려운 상황에 있는 사람들이 어려움을 벗어나게 해주는 엄청난 능력입니다. 당신에게 이런 재능이 있습니까? 그렇다면 어떤 사람을 어떻게 도울 것인지 구체적으로 정하고 사업을 시작하면 됩니다.

남을 돕는다고 해서 구걸마인드를 가지면 안 됩니다. 남을 돕는 것도 돈이 있어야 돕는 것이고 재능이 있어야 돕는 것입니다. 기부를 받아 돕는 것도 좋지만 기왕이면 당당하게 돈을 벌어서 남을 도와주십시오.

돕는 재능이 탁월하다면 돕는 만큼 가치를 인정받으십시오. 그래야 당신이 전 세계 70억 명의 사람들을 도울 수 있습니다. 공짜로 도와주거나 구걸마인드로 사업을 한다면 아무리 좋은 일이라고 해도 직원을 내쫓고 문을 닫아야 합니다.

나는 천재적인 코칭으로 내 고객의 행복을 돕고 있습니다. 고객의 성공을 돕고 있습니다. 내 가치만큼 인정받고 그들을 코칭하고 있습니다. 이것이 내 천재적인 재능입니다.

사업가는 천재적으로 다스리는 사람이다

나는 내 모든 것을 다스리고 있습니다. 다스린다는 것은 관리하고 통제하는 능력을 말합니다. 나는 내 모든 것을 관리하고 통제합니다. 나는 수습하고 바로잡는 일을 잘합니다. 사업가가 되고 다스리는 재능이 계발되었습니다.

나는 나를 다스립니다.

나는 사람을 다스립니다.

나는 시간을 다스립니다.

나는 사업을 다스립니다.

나는 직원을 다스립니다.

나는 가정을 다스립니다.

나는 건강을 다스립니다.

나는 부요를 다스립니다.

나는 평안을 다스립니다.

다스리는 사람이 크게 성공합니다. 남에게 질질 끌려 다니지 않고 스스로 통제하고 관리하는 사람이 리더가 됩니다. 당신이 리더가 되고 싶다면 다스리는 재능을 계발시키십시오.

당신이 전문가가 되어 회사를 다스려야 한다

자신은 전문지식도 없는데 사람들만 모아서 사업을 하게 되면 시작은 좋지만 그 끝은 결국 후회만 남습니다. 전문지식 없는 강사들이 크게 성공하면 계속해서 사업을 유지할 수 없게 되는 것과 같습니다.

크게 성공한 강사들은 자신의 회사를 설립합니다. 다른 사람의 재능을 활용한 창업은 끌려 다니는 사업이 됩니다. 그렇게 하지 말고 자신의 천재적인 재능을 깨달아 자신이 직접 사업할 수 있는 창업을 해야 합니다.

사람을 모으는 재능이 있다면 사람을 모집하는 방법을 알려주는 코칭 사업을 하면 됩니다. 사업을 성공시키는 방법을 알고 있다면 창업의 지혜와 깨달음을 전해 사람들을 성공시키는 코칭 사업을 하면 됩니다. 자신의 이름과 얼굴을 걸고 사업해야 합니다.

수많은 창업자들이 거래처에 끌려 다니고, 협력사에 끌려 다니고, 고객에게 이리 저리 휘둘리고 있습니다. 끌려 다니지 말고 그들을 이끌어 가는 사업을 해야 합니다.

영어 분야에서 창업한다고 하면 영어에 대한 재능이 있어야 합니다. 재능이 있다면 교육도 하고 코칭도 하고 콘텐츠를 제작해서 팔면 됩니다.

전문가부터 찾지 말고 당신이 먼저 전문가가 되어 함께 할 전문가를 코칭하면 됩니다. 그 전문가를 코칭하는 사업을 통해, 전문가를 성공시키는 사업으로 확장하면 됩니다. 안 그러면 또 그들에게 끌려 다니는 인생을 살게 됩니다.

당신이 전문가가 되면 끌려 다니는 사업을 졸업하게 된다

창업을 주저하는 사람들은 내게 이렇게 말했습니다.

"회장님, 저보다 뛰어난 전문가가 많아요. 나는 아직 너무나 부족합니다. 나는 그들처럼 전문가가 아닙니다."

"그럼 그 전문가는 어디서 만났나요?"

"만나 보지는 않았습니다. 인터넷에 올라오는 글들을 보면 상당합니다. 그리고 책도 냈더라고요."

글과 말이 전문가로 만들어 줍니다. 당신도 책을 써내고 강연을 하면 전문가로 인정받게 됩니다. 당신의 천재적인 재능을 글과 말로 표현해야만 전문가로 인정받을 수 있습니다.

수많은 사람들에게 '나는 엄청난 재능이 있어요.'라고 말해도 소용없습니다. 사람들에게 무시만 당할 뿐입니다. 신뢰할 만한 결과가 없기 때문입니다. 그래서 신뢰할 만한 결과를 만들어 내야 합니다. 그 최고의 결과는 바로 책입니다.

동업은 자신의 사업 자금을 모으기 위한 수단일 뿐이다

수많은 창업가들이 자신의 재능이 아니라고 생각되는 분야에서는 그 분야의 전문가를 찾아 동업하려고 합니다. 동업은 힘듭니다. 리더가 두 명이 된다는 것은 배가 산으로 가는 것과 같습니다. 동업의 끝에는 행복이 있을까요?

나도 동업을 했습니다. 각 분야의 전문가와 손을 잡고 사업을 진행했습니다. 어떻게 되었을까요? 배가 출발도 못해서 좌초(坐礁)할 수도 없었습니다.

돈도 벌지 못하고 세월만 낭비했습니다. 사업을 하다 보면 동업 제안이 많이 옵니다. 동업하면 크게 성공할까요? 아닙니다. 동업은 자신의 창업 자금을 모으는 수단일 뿐입니다. 그렇지 않습니까? 수많은 동업자들이 그렇게 하고 있습니다. 동업의 끝은 결국 자신의 사업을 하는 것입니다.

그렇다면 동업으로 시작하기보다 끝에서부터 시작해야 합니다. 동업하지 말고 처음부터 자신의 이름과 얼굴을 내걸고 창업하면 됩니다. 세월을 낭비하지 말고 세월을 벌어야 합니다.

가르치고 코칭하는 재능을 계발하여 사업하라

나는 천재적으로 코칭하는 재능이 있습니다. 처음부터 내게 이런 재능이 있었던 것은 아닙니다. 나는 하나님께 기도했습니다. 한번 구하고 받았다고 믿었습니다.

"하나님, 내게 천재적인 코칭의 재능을 주세요."

"천재적인 코칭의 재능을 받았음. 하나님 감사합니다. 예수님 이름으로 기도드립니다. 아멘."

그리고 시간이 지나서 저절로 재능이 나타나기 시작했습니다. 재능이 나타나고 장열정의 1인창업연구소를 설립했습니다. 고객을 코칭하며 잘 알아듣도록 권하기도 하고, 뿐만 아니라 고객으로부터 격려와 칭찬을 하게 되었습니다.

당신도 하나님께 구하십시오. 그리고 나처럼 받았다고 믿으십시오. 그리고 재능을 계발할 수 있는 천재적인 책쓰기를 하십시오. 시간이 지나면 당신에게 그 재능이 나타날 것입니다.

몸이 아닌 머리로 일하는 시대가 열렸다

당신은 몸을 움직여야만 돈을 벌 수 있습니까?

나는 몸을 움직이지 않고 지혜롭게 돈을 법니다. 나는 노동업을 졸업하고 수많은 사람들의 꿈을 돕는 정보업을 하고 있습니다. 나는 내 삶과 깨달음을 전해서 하루에 1억, 10억을 벌 수 있는 크게 성공하는 일을 합니다.

우리나라는 노동업으로 잘사는 나라가 되었습니다. 선진국은 노동을 계발도상국에게 맡기고 있습니다. 우리나라도 이제 그 시대가 왔습니다. 공장은 하나둘씩 해외로 이전하고 있습니다.

이제 당신도 노동업을 졸업하고 정보업을 해야 할 때입니다. 정보를 알고 있는 사람들은 더 많은 돈을 벌고 있습니다. 정보에는 엄청난 힘이 있습니다.

나는 내 지혜를 팔아 억대수입을 올리고 있습니다. 나는 창업에 대한 천재적인 지혜가 넘칩니다. 1인창업으로 억만장자가 되는 원리를 정립했으며 내게 코칭받은 사람들은 그 원리대로 크게 성공하는 일을 하고 있습니다.

나는 지혜를 천재적으로 전하기 위해서 작가와 강연가, 사업가의 길을 갑니다. 나는 매일 책을 읽고 책을 써내고 있습니다. 하루에 3시간만 일해도 억대수입을 올리고 있습니다.

일을 많이 해야만 돈을 많이 버는 것은 아닙니다. 돈을 많이 버는 일을 해야 돈을 많이 버는 것입니다. 수많은 사람들이 이 사실을 모른 채 일하는 시간만 늘리고 있습니다.

오전 9시부터 오후 6시까지 일하는 것도 모자라 야근과 철야까지 하면서 자신의 몸을 혹사시키고 있습니다. 그래서 수많은 직장인들이 병에 걸립니다. 몸도 마음도 병에 걸립니다.

해결 방법은 간단합니다. 직장을 나오는 것입니다. 노동업을 졸업하고 정보업에 입학하면 됩니다. 자신의 이름과 얼굴을 내걸고 1인창업하면 됩니다.

작가, 강연가, 사업가의 길에는 큰 성공이 있습니다. 세계적으로 성공한 사람은 작가, 강연가, 사업가의 길을 가고 있습니다. 나도 그들과 함께 세계로 나가고 있습니다. 당신도 충분히 할 수 있습니다. 당신에게도 충분한 기회가 있습니다.

잡다한 창업아이템은 세월을 낭비하게 한다

나도 한때 창업아이템을 찾아보기 위해 고민을 많이 했습니다. 창업 박람회도 다녀왔고 책도 많이 사 봤습니다. 세미나도 참석해 봤습니다. 하지만 거기에는 내가 진정으로 원하는 창업아이템이 없었습니다.

나는 자영업도 유행하는 아이템으로 했습니다. 자동차용품점은 한때 고액의 순수입이 보장된 창업아이템이었습니다. 하나둘씩 사라지고 있지만 얼마 전만 해도 자동차용품점의 수는 상당했습니다. 이처럼 하나둘씩 사라지는 매장이 늘고 있습니다.

자영업은 수년 동안 유지해야 투자한 돈을 겨우 회수할 수 있습니다. 자영업을 하기 위해서는 처음부터 수많은 돈을 투자해야 합니다. 투자부터 한 후에 투자한 돈을 회수하기 위해 애씁니다. 회수하지 못하면 빚더미에 앉게 되기 때문입니다.

투자한 돈을 회수하지 못한 수많은 자영업자들이 지금 빚더미에 앉아 있으며, 재기하지 못하고 있습니다. 왜 그럴까요? 또 잡다한 창업아이템에 관심을 가지고 있기 때문입니다. 유행하는 아이템을 찾기 위해 많은 비용을 들이고, 노력하고 있습니다. 그렇게 해서는 빚의 수렁에서 빠져나올 수 없습니다. 빚만 더 늘어날 뿐입니다.

자영업이 아니라 사업을 해야 합니다. 작가, 강연가, 사업가의 길을 가야 합니다. 책을 써내서 천재적으로 홍보해야 합니다. 강연도 열고 교육 사업도 하고 홍보 사업도 해야 합니다. 사업도 저렴한 제품부터 럭셔리 제품까지 만들어 억대수입을 올려야 합니다. 그러면 크게 성공합니다.

나는 자영업을 할 때 1년 동안 똑같은 제품만 팔다보니 많이 지쳤습니다. 내가 제품을 만드는 것도 아니고 다른 제조사에서 만든 것을 떼다 파는 것만으로도 힘들었습니다. 제품에는 항상 문제가 있었는데, 그 문제마저 내가 해결할 수 있는 것이 거의 없었습니다.

나는 변명만 하기 바빴습니다.

"본사에 이야기해 보겠습니다."

"물건을 가져오는 사람에게 항의해 보겠습니다."

잘 모르는 제품을 파는 것은 한계가 있습니다. 다른 사람이 제품을 만들어 줘야 팔 수 있는 것입니다. 그들이 더 이상 만들지 않는다고 하면 나도 팔 수 없게 됩니다. 상상이 됩니까?

다른 사람에 의해 진행되는 사업은 크게 성공할 수 없습니다. 진행하기 전에도 말이 많고 진행되는 중에는 더 말이 많습니다. 일이 끝난 뒤에는 엄청난 일들이 기다리고 있습니다.

수많은 사람들이 자영업을 한다고 하면 정해진 제품만 팔려고 합니다. 그러니 한계가 있는 것입니다. 10년 동안 그 제품만 팔면 행복하겠습니까? 돈을 벌어야 얼마나 많이 벌 수 있겠습니까? 자유롭겠습니까? 그래서 제품을 만드는 사업가가 되어야 합니다.

자영업자는 자신이 만든 회사의 직원이다

나는 내가 만든 회사의 직원이었습니다. 내가 자영업자였을 때 나는 직원보다 더 열심히 일했습니다. 직원이 하지 못하는 일을 내가 다 처리했습니다. 직원이 할 수 있는 일도 내가 나서서 먼저 했습니다. 그래야 진짜 사장인 줄 알았습니다.

사업을 해보니 깨달았습니다. 진짜 사장은 직원이 안정적으로 다닐 수 있는 회사를 운영하는 것이었습니다. 나는 그렇게 하지 못하고 내가 먼저 몸을 움직여서 매장의 문을 닫게 되었습니다.

사장은 먼저 몸을 움직이면 안 됩니다. 매일 아침마다 깨달음을 얻어야 합니다. 회사가 크게 성공하도록 전체를 보고 천재적으로 이끌어 가야 합니다.

작은 일은 직원에게 지시하면 됩니다. 사장은 직원에게 일을 맡기고 회사가 잘 돌아가게 자동화해 놓아야 합니다. 사장은 그곳에서 빠져나와 회사를 천재적인 지혜로 이끌어야 합니다.

자신이 만든 회사에서 직원보다 더 열심히 일하는 건 자영업 마인드입니다. 작은 일은 직원에게 완전히 맡기십시오. 그리고 천재적인 책을 읽어 깨달음을 얻고 회사를 크게 성공시키는 사업가마인드를 가지십시오.

사업가는 회사를 자동으로 돌아가게 하고 깨달음을 얻는다

나는 사업을 하면서 깨달았습니다. 사업은 지혜로운 사람이 크게 성공합니다. 지혜로운 사람이 원하는 것을 얻을 수 있습니다. 많은 지식이 있어도 지혜롭게 활용하지 못하면 크게 성공할 수 없습니다. 지혜롭게 지식을 활용하는 큰 믿음의 사람이 크게 성공합니다.

사업가는 산책을 즐깁니다. 산책하면서 깨닫기 때문입니다.

사업가는 드라이브를 즐깁니다. 드라이브하면서 깨닫습니다.

사업가는 여행을 자주 갑니다. 여행하면서 깨닫습니다.

사업가는 밥을 먹다가도 깨닫습니다.

사업가는 가족과 행복한 시간을 보낼 때 깨닫습니다.

나는 이렇게 삽니다. 나는 깨닫는 사람입니다. 생각하고 궁리하면 알게 됩니다. 이것이 바로 깨달음입니다. 깨달음을 주시는 분은 하나님이십니다. 하나님은 내게 지혜와 지식과 믿음을 주셨습니다. 그래서 나는 크게 성공합니다.

사업가는 억만장자처럼 크게 생각하고 크게 저지른다

수많은 사람들이 돈이 없을 때는 잃을 것이 없기 때문에 과감해집니다. 어떻게든 빌려서 사업을 합니다. 믿음이 있기 때문입니다. 가진 건 없어도 내가 꼭 성공했다는 그 믿음이 사람을 움직이는 것입니다.

그런데 돈이 조금 있는 사람은 과감하게 못 움직입니다. 왜 그럴까요? 자신이 가진 돈을 잃게 될까봐 두려워서 아무것도 못하는 것입니다. 나는 그런 사람들을 많이 봤습니다.

　나 역시도 그랬습니다. 돈이 없을 때는 과감하게 움직였습니다. 내가 가진 것을 전부 팔아서라도 움직였습니다. 그런데 돈이 조금 생기니 더 소심해지고 크게 저지르는 것이 두려웠습니다.

　더 크게 성공하기 위해서는 더 과감해져야 합니다. 그래야 세계로 나아가게 됩니다.

　크게 저질러야 할 때가 있습니다. 투자해야 할 때가 있고 거두어야 할 때가 있습니다. 성령님의 음성에 따라 움직이면 됩니다.

　돈이 없는 창업자들이 더 크게 생각합니다. 돈이 조금씩 없어지면 포기하는 창업자들이 많습니다. 차라리 돈이 없다면 포기하지 않고 끝까지 달릴 것입니다.

　돈 때문에 휘둘리는 창업자는 잠깐 반짝했다가 사라지는 사람들입니다. 제발 그런 사람이 되지 마십시오. 크게 생각하고 끝까지 그 자리를 지키십시오.

　백만 원의 문제를 해결하지 못하면 천만 원의 문제를 해결하지 못합니다. 천만 원의 문제를 해결하지 못하면 1억의 문제를 해결하지 못합니다. 1억의 문제를 해결하지 못하면 10억의 문제도 해결하지 못합니다.

　기업이 커지면 직원도 많아지고 책임져야 할 것도 많아질 것입니다. 그런데 작은 돈 문제 때문에 쓰러지고 포기한다면 그 사람은 리더의 자격이 없는 것입니다.

대중의 길에는 끝이 있다

당신도 대중의 길을 가려고 합니까?

나는 나만의 천재적인 길을 갑니다. 수많은 사람들이 대중의 길을 가려고 합니다. 대중적으로 인정받기 위해 발버둥 칩니다. 하지만 사업가는 다릅니다.

사업가는 자신의 길을 개척하려고 합니다. 자신의 길을 닦아 놓으면 수많은 사람들이 따라오기 때문입니다. 나도 그렇게 합니다. 나만의 천재적인 길을 닦아 놓고 있습니다. 내 고객들은 내 길을 따라 오고 있습니다.

당신이 창업하려면 당신의 길을 만들어야 합니다. 성공한 사람들이 닦아 놓은 길을 그대로 가고 그 길 끝까지 갔을 때 당신의 길을 개척하면 됩니다.

대중을 따라가지 마십시오. 인기는 끝이 있습니다. 하지만 사업은 끝이 없습니다. 평생 개척하기 때문입니다. 창업은 새로운 사업을 시작하는 것입니다. 당신만의 독창적인 창업을 하십시오.

독창(獨創)의 결과가 대중입니다. 독창으로 시작하면 수많은 사람들이 따라오게 됩니다. 이제 당신이 그 길 앞에 서십시오. 나는 그 길 앞에서 당신을 기다립니다.

대중적인 사람이 되지 말고 자신이 원하는 삶을 살라

나는 성공을 두려워하는 사람들을 많이 만났습니다. 성공하는 방법과 재능도 충분하지만 성공하는 것이 두렵다고 했습니다. 그중 한 명은 바로 나입니다.

나는 성공하는 것이 두려웠습니다. 내가 시작하면 크게 성공할 자신과 확신이 있었습니다. 그런데 성공이 두려워서 계속 시간을 미루고 있었습니다.

내가 성공을 두려워했던 이유는 단 한가지입니다. 수많은 사람들에게 휘둘리는 것이 싫었기 때문입니다. 그리고 내 재능을 뒤로한 채 인기에 목말라 하는 대중적인 사람이 되는 것이 너무나 싫었습니다. 그래서 주저했습니다.

수많은 사람들이 대중적인 사람이 되고 싶어 합니다. 인기를 얻고 인기를 위해 살려고 합니다. 실제로 대중적인 인기를 얻고 힘들어 하는 수많은 스타들이 있습니다.

나는 책을 써내서 유명한 사람이 되어야겠다고 생각한 것이 아닙니다. 책을 써내서 내 고객을 만나야겠다고 생각했습니다.

그들을 일대일로 만나 끝까지 도와야겠다고 생각했습니다. 내 꿈은 현실이 되었습니다.

창업가는 책을 지혜롭게 활용해야 합니다. 창업가는 책을 통해 깨달음을 전하고 내 진짜 고객을 만나야 합니다. 이것은 나를 위한 일이자 고객을 위한 일입니다.

나는 내가 원하는 인생을 살기 위해 책을 써내고 강연을 하고 사업을 하고 있습니다. 다른 사람이 어떤 소리를 하든 상관없습니다. 내 인생의 주인공은 나입니다.

다른 사람의 이야기로 세월을 낭비할 시간이 없습니다. 인생은 내가 행복하기에도 너무나 짧습니다.

내가 원하는 행복은 내 안에 있다

당신이 원하는 행복은 어디에 있을까요?

내 행복은 내 안에 있고 당신의 행복은 당신 안에 있습니다. 나는 내 인생의 행복을 누리기 위해 많은 고민을 했습니다. 행복을 위한 일이라면 돈을 투자했고, 시간을 투자했고, 연구까지 했습니다. 그런데 내가 원하는 행복은 쉽게 찾을 수 없었습니다.

내가 원하는 행복은 내 안에 있었습니다. 내가 원하는 것을 누리는 것이 내 행복이었습니다. 나는 온전한 복음을 통해 내가 원하는 것을 찾았습니다.

내 행복은 내 안에 계시는 성령님입니다. 내 부요는 내 안에 계시는 성령님입니다. 내 안에 계시는 성령님은 내게 성령 충만하게 하십니다. 내게 건강과 부요를 주십니다. 내게 건강과 자유를 누리게 하시고 평안하게 하십니다.

나는 온전한 복음을 깨닫고 내 인생의 길을 찾았습니다. 내 인생이 환하게 비춰졌습니다. 내 안에 있던 행복을 뒤로 한 채 다른 사람의 행복에 나를 맞추려 했던 어리석은 짓을 멈추고 내 안에 계시는 성령님을 바라보았습니다.

나는 성령님과 함께 일합니다.

나는 성령님과 함께 걷습니다.

나는 성령님과 함께 드라이브를 합니다.

나는 성령님과 함께 책을 씁니다.

나는 성령님과 함께 강연을 합니다.

나는 성령님과 함께 사업을 합니다.

나는 성령님께 도움을 요청합니다.

나는 성령님만을 의지하며 움직입니다.

나는 성령님과 함께 행복을 누립니다.

나는 믿음으로 성령님과 끝까지 함께 합니다.

나는 온전한 복음을 깨닫기 전까지 마음이 너무나 갈급했습니다. 내 인생이 무언가로 채워지길 원했습니다. 그 무언가를 채우기 위해 수많은 고행을 했습니다. 기도원에서 수십 시간 동안 기도도 해보고 금식도 해봤습니다. 그런데 거기에는 답이 없었습니다.

내 행복은 오직 믿음에 있었습니다. 오직 믿음으로 행복해졌습니다. 의심 없이 완전히 믿으니 행복해졌습니다. 믿음은 완전히 믿는다는 의미입니다. 완전히 믿지 않으면 믿음이 아닙니다. 그건 의심일 뿐입니다.

믿으면 행복하고 의심하면 스트레스 인생을 살게 됩니다. 나는 오직 믿음으로 행복하게 삽니다.

복음에는 하나님의 의가 나타나서 믿음으로 믿음에 이르게 하나니 기록된바 오직 의인은 믿음으로 말미암아 살리라 함과 같으니라.(롬1:17)

하지 못해서 죄를 짓는 마음이 있었습니다. 그래서 하나님께서 나를 사랑하지 않을 것 같았습니다.

이런 어리석은 생각이 어디 있습니까? 그렇다면 예수님께서 왜 십자가를 지셨습니까? 이미 십자가를 통해 다 이루셨습니다. 내 죄와 내 어리석음이 없어졌습니다.

나는 믿음으로 의인이 되었습니다. 나는 믿음으로 지혜로워졌습니다. 행위가 아닌 온전한 믿음을 가지십시오.

혹시 당신도 율법적인 행위에 빠져서 괴롭지 않습니까?

하나님은 그런 분이 아닙니다. 하나님은 당신의 믿음을 보십니다. 행위로 믿으려고 하지 마십시오. 믿고 움직이십시오. 전적으로 믿으십시오. 온 맘 다해 믿으십시오.

하나님은 사랑이십니다. 당신을 무척이나 사랑하십니다. 당신도 하나님을 사랑하십시오.

당신의 무거운 짐을 내려놓으십시오. 당신은 자유로워야 합니다. 나는 자유롭습니다. 예수님께서 십자가에서 내 짐을 모두 짊어지셨기 때문입니다.

나는 행복합니다. 이제 당신도 행복하십시오. 당신의 행복을 창업하십시오. 당신의 창업을 응원합니다. 당신의 창업을 위해 기도합니다. 당신을 축복합니다.

날마다 신과 동업하며 큰일을 하라

당신은 작은 만족으로 한 순간에 무너진 경험이 있습니까?

나는 작은 것에 만족해서 창업을 실패한 경험이 있습니다. 나는 엄청난 기대와 희망을 안고 자영업을 시작했습니다. 내 아내에게 희생과 헌신을 요구하면서 자영업을 시작했습니다. 내 부모님에게 부담을 주면서까지 자영업을 시작했습니다.

하지만 나는 자신이 있었습니다. 그런 자신감은 바로 성과로 나타났고, 자영업은 계속해서 발전할 것만 같았습니다. 그런데 그 꿈은 그렇게 오래가지 않았습니다.

나는 아내와 부모님께 실망을 안겨 주었습니다. 그에 앞서 나는 내 자신에게 가장 실망했습니다. 나는 실패를 인정할 수 없었습니다. 나 혼자만의 시간을 가지려고 해도 마음이 너무 괴로워서 도저히 그렇게 할 수 없었습니다.

'누구나 실패할 수 있어, 그 정도면 잘했지.'라는 마음이 들었다가도 금세 마음이 울적해졌습니다.

나는 우울증을 겪었습니다. 좋지 않은 생각과 절망적인 생각에 빠져 있었습니다. 정말 힘들었습니다. 사업 실패로 인해 무기력했습니다. 무기력함에서 도저히 빠져나올 수 없었습니다.

나는 회복이라는 단어를 잊고 살았습니다. 나는 부정적인 생각과 행동을 하면서 살았습니다. 살기 싫었습니다. 아내와 자녀, 부모님까지 계시는 데도 말입니다.

어느 날 정신 차려 보니 딸이 태어나는 날이었습니다. 딸이 태어나는 순간 정신이 바짝 들었습니다. 딸이 태어난 것이 아니라 내가 태어난 것이었습니다. 그전까지의 나는 죽어 있었습니다. 나는 딸과 함께 다시 새롭게 태어났습니다.

하나님께서는 나와 당신에게 생명을 주셨습니다. 나와 당신의 생명은 소중합니다. 살아 있는 것 자체가 축복입니다. 생명이 있다는 것이 하나님의 사랑입니다.

나는 하나님의 축복을 다시 경험했습니다. 나를 두 번 태어나게 하셨습니다. 내게 새 생명을 주셨습니다. 딸이 태어나고 내 삶은 완전히 달라졌습니다.

그렇다면 하나님은 어떻게 생명을 주고 계신 것일까요?

첫째, 하나님께서 매일 숨 쉴 수 있는 생명을 주십니다.

당신은 매일 숨 쉬는 것이 당연하다고 생각하십니까? 당연한 것이 아닙니다. 그것 또한 하나님의 축복입니다. 하나님께서 당신에게 생명을 주신 것입니다.

둘째, 하나님께서 매일 새로운 마음을 주십니다.

나는 매일 새로운 마음을 느낍니다. 당신의 마음이 힘듭니까? 그 힘든 마음은 누가 준 것입니까? 당신이 준 것입니까? 하나님께서 주신 것입니까? 하나님께서는 우리에게 날마다 축복을 부어 주십니다. 우리는 축복 속에서 살아가고 있습니다. 하나님은 당신을 사랑하십니다.

셋째, 하나님께서 나와 당신을 일으켜 세우십니다.

하나님께서 나를 새롭게 태어나게 하셨습니다. 생명의 축복을 주셨습니다. 가장 힘들 때 자신을 보지 말고 하나님을 보십시오.

새 생명을 주시는 하나님을 보십시오. 당신은 이미 새 생명을 얻었습니다. 이것이 바로 당신을 향한 하나님의 사랑입니다.

나는 두 번 태어난 사람입니다. 두 번 태어났기 때문에 지금 이렇게 행복을 누릴 수 있습니다. 가장 힘들 때 삶을 포기했다면 당신에게 하나님의 사랑과 축복을 전하지 못했을 것입니다. 그래서 나는 하나님께 감사합니다.

당신도 많이 힘듭니까? 당신도 절망한 적이 있습니까?

당신도 삶을 포기해야겠다는 마음이 든 적이 있습니까?

실제로도 그렇게 해봤습니까?

하나님은 당신을 사랑하십니다. 당신에게 생명을 주셨습니다.

당신도 행복하게 새로운 삶을 살고 싶으십니까?

그렇다면 하나님께 기도하십시오. 새로운 삶을 살게 해 달라고 기도하십시오. 그렇게 되었다고 믿으십시오. 그리고 감사하십시오.

"하나님 새롭게 태어나게 해주심에 감사합니다. 하나님 나를 너무나 사랑해 주셔서 감사합니다. 하나님 내게 생명을 주셔서 감사합니다. 하나님 너무나 많이 힘들었지만 이제 힘들지 않습니다. 하나님께서는 내가 행복하게 살기 원하신다는 것을 알았습니다. 나도 하나님을 많이 사랑합니다. 하나님은 나의 구원자이십니다. 하나님 사랑합니다. 많이. 예수님의 이름으로 기도합니다. 아멘."

천국같이 살다가 천국으로 가라

당신은 산책과 여행을 합니까?

나는 매일 산책합니다. 나는 아내와 자녀와 함께 매일 산책합니다. 나는 산책에 대한 깨달음을 얻었습니다.

첫째, 산책은 나와 성령님과 대화하는 최고의 시간입니다.

나는 산책이 성령님과 온전히 교제할 수 있는 최고의 시간이라는 것을 깨달았습니다. 성령님과 행복을 누릴 수 있는 최고의 시간이었습니다.

둘째, 산책과 여행은 가족의 행복입니다.

산책을 나오면 마음의 여유도 생기고 아내와 자녀도 정말 좋아했습니다. 산책은 행복해지는 방법이었습니다.

셋째, 인생은 성령님과 함께 걷는 산책입니다.

내가 인생을 산책처럼 해야 하는데 예전에는 인생을 노동처럼 하고 있었습니다. 산책을 하면 부요 마인드가 생깁니다. 산책을 하면 신나게 뛰놀고 자유를 얻게 됩니다.

나는 평생 성령님과 함께 산책합니다. 비가 올 때나 눈이 올 때나 햇빛이 쨍쨍할 때나 성령님과 함께 동업합니다. 나는 성령님과 평생 함께 동업하다가 천국으로 갑니다.

　성령님과 함께 하는 삶은 의롭습니다.

　성령님과 함께 하는 삶은 성령 충만합니다.

　성령님과 함께 하는 삶은 건강이 넘칩니다.

　성령님과 함께 하는 삶은 부요가 넘칩니다.

　성령님과 함께 하는 삶은 지혜가 넘칩니다.

　성령님과 함께 하는 삶은 평안이 넘칩니다.

　성령님과 함께 하는 삶은 영원한 생명이 있습니다.

　나는 성령님과 함께 천국같이 살다가 천국으로 갑니다.

|Q&A|
장열정이 만난 사람들

당신은 인생의 변화를 원합니까?

나는 인생의 변화를 간절히 원했습니다. 뜨겁게 열망했고 실행할 수 있는 열정이 있었습니다. 그래서 나는 내 인생의 길을 깨닫게 되었을 때 크게 생각하고 크게 저지를 수 있었습니다.

나는 수많은 사람들을 만났습니다. 내가 만난 사람들의 고민은 대부분 비슷했습니다. 바로 시작하지 못한다는 것이었습니다. 다들 여러 가지 이유가 있었습니다.

나는 그들을 이해합니다. 나도 그렇게 생각했던 적이 있기 때문입니다. 나도 그렇게 생각해서 움직이지 못하고 그 세월을 버렸습니다. 당신도 그런 고민이 있을지 모릅니다.

고민은 제자리에 머물게 하고, 실행은 해결하고 앞으로 나가게 합니다. 그리고 인생에 변화를 가져옵니다. 인생은 선택입니다. 나는 당신을 돕기 위해 그들의 고민을 함께 나누겠습니다.

Q | 저는 회사를 그만두지 않고 사업을 하고 싶어요.

네, 괜찮습니다. 나도 회사에서 1인창업으로 1인기업을 시작했습니다. 시간이 지나면 그만둘 때가 옵니다.

사업이 잘돼서 하루 만에 월급이 들어온다면 회사를 계속 다니시겠습니까? 못 다닙니다. 회사를 그만두는 건 저절로 되는 겁니다. 처음부터 그만둘 용기가 없다면 회사에서 시작하세요.

그러나 수입을 빨리 내고 싶다면 바로 그만두어야 합니다. 회사를 그만두면 사업의 속도는 백배, 천배로 빨라집니다. 제품을 만드는 것과 파는 것에 속도가 붙으면 수입은 금방 올리게 됩니다.

사업을 성공하고 싶다면 과감하게 선택해야 할 때 선택해야 합니다. 그 선택을 미루면 결국 은퇴할 때까지 기다려야 합니다. 지금은 직장에서 하루 빨리 직장을 그만둘 수 있는 준비를 하세요. 그 준비는 바로 1인기업입니다.

Q | 저는 회사를 그만두고 싶은데 고민됩니다. 막상 회사를 그만두면 무엇을 어떻게 해야 하나요?

나도 회사에서 고민만 했던 적이 있습니다. 지금 고민하면 1년 뒤에도 고민할 것입니다. 그렇다면 3년 뒤, 5년 뒤, 10년 뒤에는 어떻게 될까요? 결국 회사를 이직하거나 사업을 시작할 것입니다.

지금은 100세 시대입니다. 앞으로 120세, 150세, 200세의 시대가 열립니다. 직장에서 20년 동안 일하고 결국 나와야 합니다.

사업은 간단합니다. 제품을 만들고 제품을 팔면 됩니다. 제품을 만드는 방법을 모르면 배워서 만들면 되고, 제품을 파는 방법을 모르면 파는 방법을 배워서 팔면 됩니다. 혼자 할 수 있다면 빠르게 진행하면 됩니다.

고민하면서 머뭇거리지 말고 사업을 하려면 지금부터 사업을 시작하십시오. 해야 할 일들이 한두 가지가 아닙니다. 그렇게 시작한 사람들 대부분이 이렇게 말합니다.

"회장님, 회장님께서 빨리 시작하라고 했던 말씀이 계속 머릿속에 맴돕니다. 이렇게 해야 할 일들이 많은데 그동안 왜 고민만 했는지.. 그 시간이 너무나 아깝습니다. 그 시간에 제품을 하나 더 만들고 제품을 하나 더 팔 수 있었는데 말이죠."

어떤 사업을 하려면 재능부터 깨닫고 제품을 만들기 시작해야 합니다. 제품을 만들고 팔기 시작해야 합니다. 머뭇거리지 마세요. 어차피 사업을 하게 될 겁니다. 그럴 거면 하루 빨리 시작하세요.

Q | 1인기업을 시작하면 수입은 언제 날까요?

제품을 잘 만들어 잘 팔면 수입은 바로 납니다. 저렴한 제품을 만들어 팔면 수입이 조금 나고 럭셔리 제품을 만들어 팔면 억대 수입을 올리게 됩니다. 제품을 만드는 시간과 파는 시간이 짧으면 단기간에 많은 수입을 얻게 됩니다.

내게 코칭받은 고객 중에는 한 달 만에 투자한 돈을 모두 회수한 고객도 있고 시간이 오래 걸리는 고객도 있습니다. 그 두 분의 차이점은 바로 열정입니다. 자신이 얼마나 열정을 가지고 움직이느냐에 따라 사업이 성공하기도 하고 실패하기도 합니다.

1인기업은 수억의 돈을 투자해서 시작하지 않기 때문에 크게 망하지도 않습니다. 열정을 가지고 조금만 움직이면 투자한 돈을 금방 회수하게 됩니다. 자영업과는 다릅니다.

시작하려면 불같은 열정을 가지고 시작하세요. 단기간에 수입을 올려야겠다는 절박하고 간절한 마음으로 움직이면 그대로 이루어집니다. 그렇게 움직일 수 있을 때 시작하세요.

Q | 창업아이템은 어떤 것을 선택하면 좋을까요?

나도 창업아이템에 대한 고민이 많았습니다. 직장에서 사업을 시작할 때 가장 크게 고민한 부분입니다. 그래서 내가 책을 썼습니다. '크게 성공하는 창업아이템은 당신 안에 있다' 이 책에 그 비결이 담겨 있습니다.

당신의 창업아이템은 당신 안에 있습니다. 당신의 아이디어와 재능으로 사업을 하면 됩니다. 그것을 깨닫기 위해 당신의 삶과 깨달음이 담긴 책을 써내고, 1인기업을 세워 하고 싶은 사업을 모두 해보면 됩니다. 이것이 천재의 탁월한 방법입니다.

내가 그렇게 했습니다. 내게 코칭받은 고객도 자신의 삶과 깨달음이 담긴 책부터 써내 자신의 재능을 깨달았습니다. 당신에게도 특별한 재능이 있습니다. 그것을 끄집어내면 됩니다.

당신이 직장에 있습니까? 사업을 하고 있습니까? 무엇을 하고 있던 책부터 써내십시오. 당신의 인생과 재능을 깨닫는 최고의 방법은 당신의 삶과 깨달음이 박힌 책을 써내는 것입니다.

Q | 저는 제 마음을 치유하고 싶어요. 마음만 치유된다면 뭐든 해 보고 싶습니다.

나도 우울증을 겪었습니다. 내가 우울증을 겪었던 이유는 나 자신에 대해 몰랐기 때문입니다. 예전의 나는 내가 얼마나 가치 있는 사람인지, 내가 얼마나 중요한 사람인지 알지 못했습니다.

그런데 내 인생에 기적이 일어났습니다. 내가 살아온 이야기를 끄집어내는 책쓰기로 정말 기적이 일어났습니다. 나는 깨닫는 책쓰기로 나 자신에 대해 알게 되었습니다. 그리고 내 가치에 걸맞은 일을 하기 시작했습니다. 인생이 완전히 바뀌었습니다.

마음을 치유하는 탁월한 방법은 당신에 대해 아는 것입니다. 깨닫는 책쓰기로 당신의 인생을 돌아보고 당신의 가치를 깨달으십시오. 당신의 가치를 깨달으면 당신의 인생에 기적이 일어납니다. 당신 인생의 길을 바꾸십시오. 당신이 하는 일을 바꾸고 생각을 바꾸십시오. 그 탁월한 방법은 바로 당신의 책 안에 있습니다.

당신의 마음을 치유하는 것을 뛰어넘어, 당신은 당신처럼 어려움을 겪고 있는 사람들을 도와주는 위치에 서게 될 것입니다. 나는 당신의 모습이 기대됩니다.

Q | 제 꿈은 작가입니다. 어떻게 작가가 되나요?

그동안 작가가 되기 위해서 어떤 일을 했나요? 작가가 되는 일을 하면 됩니다. 책을 쓰는 작가가 되고 싶다면 책을 써내면 됩니다. 혼자서 책을 쓰기 어렵다면 책쓰는 방법을 배우면 됩니다.

나는 자기계발과 배움을 즐깁니다. 혼자서 자기계발을 할 수 있는 분야는 스스로 연구하고 분석합니다. 하지만 혼자 배울 수 없는 분야는 과감하게 투자합니다.

나는 배움에 투자하면 투자한 것에 백배, 천배로 거둘 생각을 합니다. 그래서 내게 있어 배움은, 또 다른 사업을 시작하게 하거나 지금의 사업을 발전시키는 천재적인 방법이 됩니다.

작가가 되겠다고 책만 써내지 마십시오. 그렇게 해서 가난하게 사는 작가들이 너무나 많습니다. 책 한권으로 부자가 되는 것이 아닙니다. 내가 말하는 1인출판 시스템도 함께 갖추어야 작가로서 1인기업이 성공하게 됩니다.

당신도 1인출판사를 세우고 천재적인 책쓰기 방법을 배워 백배, 천배로 거두십시오.

Q | 작가님의 책은 다른 책과 다른 느낌이 듭니다.

나는 내 책에 내 이야기와 깨달음을 담기 때문입니다. 다른 사람의 이야기를 많이 하지 않고 내 삶에서 일어난 이야기와 깨달음을 전합니다.

나도 내 책을 봅니다. 내가 다시 읽어도 깨달음이 넘치기 때문입니다. 나는 내 책을 다시 읽고 또 다른 책을 써냅니다. 내 책은 내 인생의 길이 되기 때문입니다.

당신도 당신의 책을 써내면 당신 인생의 길이 환하게 비춰질 것입니다. 깨닫는 사람은 행복해집니다. 그의 인생도 행복해집니다.

Q | 책쓰기를 시작하고 얼마 만에 출간할 수 있나요?

책쓰기는 단기간에 가능합니다. 한 달도 가능하고 두 달도 가능합니다. 단기간에 책을 출간하는 것보다 그 책을 써내고 어떤 일을 하는 지가 중요합니다.

나는 책 한권이 출간되면 그때부터 시작이라고 말합니다. 누군가에게는 책 한권이 끝이지만 나는 책 한권이 시작입니다. 그 책을 시작으로 사업을 시작하거나 확장해야 하기 때문입니다.

단기간에 책을 출간하는 것보다 그 책으로 사업을 하는 것에 초점을 맞추세요. 사업을 시작하게 되면 책을 써내는 것은 쉽고 재미있는 일이 됩니다.

한 권의 책을 출간하겠다고 이리저리 불려 다니며 구걸하는 작가의 위치에서 작가들의 원고를 받는 사장의 위치, 회장의 위치가 되세요. 1인출판이 성공한 사람들이 말하지 않는 비밀입니다. 당신의 출판사를 세우세요.

Q | 강연가가 되고 싶은데 강연을 해본 적이 없습니다. 그래도 강연가로 성공할 수 있나요?

이 세상 어느 누구도 처음부터 잘한 사람은 없습니다. 강연도 배우면 잘하게 됩니다. 그리고 꾸준히 강연하는 재능을 계발하면 잘하게 됩니다.

나도 처음에는 강연을 잘하지 못했습니다. 강연을 시작하고 10분이 지나면 할 말이 없어졌습니다. 프로젝터와 스크린을 사용하지 않기 때문에 그 다음 말이 떠오르지도 않았습니다.

그런데 지금은 천재적인 강연원리를 깨닫고 누구와 만나도 1시간, 2시간은 기본으로 말합니다. 시간이 부족해서 중간에 강연을 끊고 마무리하기도 합니다.

내게 코칭받은 강연가도 처음에는 30분밖에 강연하지 못했습니다. 지금은 나처럼 시간이 부족하다고 말합니다. 천재적인 원리를 알고 강연하는 재능을 계발하면 강연은 일상 대화처럼 쉬워집니다.

Q | 저는 돈이 없습니다. 그래도 꿈을 이룰 수 있나요?

나는 빈손으로 시작해서 꿈을 이뤘습니다. 돈이 한 푼도 없었습니다. 그래서 아무것도 못하고 멍하니 세월을 버렸습니다. 그러던 어느 날 불같은 열정이 내 마음에 생겼습니다. 열정을 가지고 내 꿈을 이루기 위해 돈을 찾으러 다니기 시작했습니다.

돈이 생기는 두 가지 방법이 있습니다. 하나는 직접 돈을 버는 것이고 다른 하나는 요청하는 것입니다.

빈손으로 시작하려면 요청해야 합니다. 나는 부모님과 주변 사람들에게 요청하기 시작했습니다. 불같은 열정이 없었을 때는 요청하기 싫었습니다. 거절이 두려웠고 구걸하는 것 같아 너무나 싫었습니다. 그런데 불같은 열정이 생기니 그 돈은 작은 돈에 불과했습니다. 내가 꿈을 이루고 나면, 그 돈은 너무나도 작은 돈이었습니다.

나는 부모님에게 요청했습니다. 나는 친구들에게 요청했습니다. 나는 은행에 요청했습니다. 나는 카드사에 요청했습니다. 나는 투자자에게 요청했습니다. 요청할 수 있는 곳은 다 요청했습니다.

그리고 충격적인 것은 내게도 꿈을 이룰 수 있는 돈이 여전히 있었다는 것입니다. 나는 내가 가진 것을 팔아서 꿈을 이룰 수 있었습니다. 꿈을 이루면 가진 것보다 백배로 더 가치 있는 것을 살 수 있습니다. 나는 크게 생각하고 크게 저질렀습니다.

결국 나는 요청으로 꿈을 이룰 수 있는 돈을 얻었습니다. 그리고 내 꿈을 이뤘습니다. 물론 요청한 돈은 다 책임졌습니다.

꼭 명심하십시오.

"책임질 수 있는 요청만 하세요. 또한 책임질 수 있는 만큼만 요청하세요. 요청에는 책임이 따릅니다."

성공하고 부자가 되고 싶습니까? 그럼 성공하는 일을 하기 위해 요청해야 합니다. 부자가 되는 일을 하기 위해 요청해야 합니다. 비록 빈손일지라도 크게 성공할 수 있습니다.

요청할 수 있는 불같은 열정을 가지고 시작하세요. 당신이 요청할 수 있는 방법은 전 세계에 70억 개 이상 있습니다. 70억 명의 사람들이 있고 그 사람들에게 두 가지의 방법만 있다 해도, 140억 개의 방법이 있는 것입니다. 꿈은 포기하지 않는 자가 이룹니다.

Q | 저는 나이가 많이 들어서 이 일을 할 수 없지 않나요?

나이가 무슨 상관입니까? 다 방법이 있습니다. 컴퓨터를 잘 다루지 못하면 아르바이트를 고용하면 됩니다. 종이에 자필로 책을 써서 컴퓨터 작업을 지시하면 됩니다. 자녀가 있다면 자녀에게 부탁하면 됩니다.

자녀는 부모의 책을 편집하면서 얼마나 감동을 받겠으며 얼마나 인생이 달라지겠습니까? 나이 때문에 포기하지 마세요. 나이가 들면 들수록 더 책을 써내야 합니다.

자녀에게 책으로 유산을 남기세요. 자녀에게 삶을 남기세요. 그럼 자녀는 평생 작가님의 책을 보면서 삶의 지혜를 배워 지혜롭게 살아가게 됩니다. 자녀에게 책으로 최고의 유산을 남기세요.

책쓰기가 1인기업의 성공비결이다

초 판 1쇄 발행 | 2016년 2월 10일
개정판 1쇄 발행 | 2018년 7월 18일

지은이 | 장열정
발행인 | 최선미
발행처 | 백배미디어
등록일 | 2016년 4월 27일, 제2016-52호
주소 | 서울특별시 송파구 잠실동 백제고분로 11길 23-1 301호
전화 | 02)572-6165, 010-6567-6334
메일 | jgivemg@naver.com

본 제작물의 저작권은 '백배미디어'가 소유하고 있습니다.
저작권법에 의하여 한국 내에서 보호를 받는 저작물이므로
무단 전제와 무단 복제를 금합니다.

979-11-88641-06-2 03320

책값 2만 원